当心库存错配陷阱！

配件人员必读的库存计划手册

叶京生 著

清华大学出版社
北京

图书在版编目（CIP）数据

当心库存错配陷阱！：配件人员必读的库存计划手册 / 叶京生著.— 北京：清华大学出版社，2023.8（2024.6 重印）

ISBN 978-7-302-64142-1

Ⅰ.①当… Ⅱ.①叶… Ⅲ.①市场预测 Ⅳ.①F713.52

中国国家版本馆 CIP 数据核字 (2023) 第 131887 号

责任编辑：王　欣
封面设计：钟　达
责任校对：赵丽敏
责任印制：杨　艳

出版发行：清华大学出版社
　　　　　网　　　址：https://www.tup.com.cn，https://www.wqxuetang.com
　　　　　地　　　址：北京清华大学学研大厦 A 座　　　邮　　　编：100084
　　　　　社 总 机：010-83470000　　　　　　　　　邮　　　购：010-62786544
　　　　　投稿与读者服务：010-62776969，c-service@tup.tsinghua.edu.cn
　　　　　质量反馈：010-62772015，zhiliang@tup.tsinghua.edu.cn
印 装 者：三河市东方印刷有限公司
经　　销：全国新华书店
开　　本：170mm×240mm　　　印　　张：11.5　　　字　　数：198 千字
版　　次：2023 年 8 月第 1 版　　　　　　　　　　印　　次：2024 年 6 月第 3 次印刷
定　　价：56.00 元

产品编号：099721-01

前　言

谨以本书送给主机厂、经销商、配件店和修理厂从事配件业务的同仁。

笔者在柴油机和工程机械服务领域工作了 20 多年，也跟配件库存打了多年交道。生产制造中的供应链管理可以根据生产进度表、装配零件图计划出每天装配线上所需的零部件，而且生产装配中更多使用部件总成，以保证质量，提升效率，零部件数量相对较少。

售后服务领域则不同，一般的柴油机故障并不会更换总成，只需要更换其中损坏的零件。维修服务中使用的二级配件品类 SKU（stock keeping unit，库存量单位）更多、更复杂，配件需求随机性强，企业既不知道哪个零件何时会损坏，也不知道客户明天需要什么配件，所以库存计划难度更大。

生产中的零件计划有一条"基准线"，可以根据进度表和零件图确定，通常每天组装多少台设备不会轻易变更，所以这条基准线相对稳定。售后服务则不同，需要什么零件、需要多少数量都由客户说了算，库存计划缺少一条明确的基准线，需求不确定性让服务领域的库存计划更加困难。

工程机械设备、农机和汽车单价高，随着中国市场的崛起，很多从事配件业务的经销商、配件店和修理厂都赚了钱，毕竟配件生意门槛不高，低买高卖谁不会？但是门槛越低的生意竞争越激烈，曾经给他们带来成功的商业模式，现在却给他们带来了巨大的风险。本书将下游分销渠道中从事配件业务的经销商、配件店和修理厂等企业统称为"服务商"。

中国人善于经商，很多服务商在改革开放的大潮中获得了红利，市场需求旺盛、信息不对称、配件高毛利和高库存周转率等因素使得配件库存齐全的服务商吸引客户流量的能力更强，盈利能力也更高。因此，很多服务商把配件齐全看作优秀配件库存管理的标志，为其配件库存货品齐全而感到自豪。

在快速增长的卖方市场，高库存和高现货率曾经为很多服务商带来了竞争优势和高额利润，但进入竞争更加激烈的买方市场后，很多人仍然按照过去的经验做库存计划，对库存的风险缺乏认知，继续通过高库存来提升配件现货率，以便吸引客户流量，结果却产生了大量的无效库存，库存与需求之间的错配（distortion）越来越严重。

库存错配就是指客户所需的配件没有在正确的时间，以正确的数量出现在正确的地点。库存错配会造成两方面影响：一方面是客户需要的配件缺货，这不仅丢失了商机，还会导致客户不满或流失；另一方面是服务商存储的配件客户不需要或者库存过剩，从而导致资金占用和效率降低，呆滞库存还可能造成损失，很多服务商配件经营的效率和效益都受到了库存错配的不利影响。

管理学之父彼得·德鲁克一直对一件事感到不解：中国人聪明、勤奋，善于经商，华人走到世界各地都能生根发芽，把生意做得风生水起，中国没有理由搞不好经济。可是改革开放以前，中国经济为什么那么落后？他认为一定是中国人对工业文明下的贸易体系、国际秩序和现代管理缺乏了解。为此，他积极支持在中国成立彼得·德鲁克管理学院，帮助培养本土管理者。他认为，只有中国的管理者才能管理好中国企业，只有中国的管理者才能创造中国的未来。

以前，服务商只要成为某个知名品牌的经销商，自然就会带来客户流量，就会有人找你买配件、做维修，配件有现货就意味着成交和利润收益，所以配件现货率的重要性不言而喻。一些经营了十几年的服务商，仓库里积压的配件库存很多，可从来没有人对呆滞库存做过坏账计提，人们以为，机械零件是金属材料，只要不生锈，多放几年迟早能卖出去。

今天，客户需求已经发生了改变，进口零配件被国产零配件替代，配件价格大幅降低，毛利率也不断下滑，客户买配件由以前的"如获至宝"，变为现在的"货比三家"，尽管信息不对称依然存在，但是客户的选择机会已经比 10 年前增加了很多。

需求减弱，利润下滑，产品快速迭代升级，市场上出现了更多的替代配件，导致服务商的呆滞库存增加，库存周转率降低，库存错配更加严重，资金压力上涨，配件业务产生的自由现金流越来越少，赚钱更加困难。

库存错配正在慢慢侵蚀服务商的利润，低买高卖赚差价的配件生意利润变得越来越低，甚至可能赔钱！想吸引更多的客户，就需要库存齐全，可库存越多呆滞风险也越大，我们的确需要反思配件业务的商业模式，洞察库存与销售之间的底层逻辑，找出问题之所在。

有些人误认为，要想让客户满意，配件库存就必须做到要什么，有什么，可这样做必然导致严重的库存错配，效率降低，影响服务商的投资回报率。没有足够的利润回报，服务商就难以生存和发展，为客户提供优质服务也变成了一句空话。服务商真的有必要存储所有品类的配件吗？

一台 20 吨级的挖掘机大约有 4 000 种零件，用于保养的易损件和易耗件只占约 1%。设备的可靠性越来越高，95% 的零件设计寿命超过了 10 000 运行小时，设备使用 5 年以后故障率才会上升。柴油机的情况完全类似，绝大多数零件在设备生命周期的前几年需求概率很低。假如服务商每种配件都放库存，那么 95% 的库存在前 5 年可能没有需求，为什么不在几年以后再根据需要放库存呢？这期间一旦产品更新迭代，存储的配件还可能变成呆滞库存。

如此看来，服务商存储所有品类的配件并非明智的选择，很容易造成库存错配和呆滞风险。而且，任何一家服务商的资金都不足以保证 100% 的配件现货率。该存什么配件？存多少数量？不该存什么配件？是每个服务商必须回答的问题，也是解决库存错配问题的"灵魂拷问"。优秀的库存计划人员能够避免库存错配陷阱，帮助服务商降低风险，提高配件运营的效率和效益。不幸的是，很多库存计划人员虽然经验丰富，但是对库存计划中的概率论和数理统计方法缺乏认知，根本回答不出库存计划的"灵魂拷问"，因为一直以来，他们都是依靠经验来做库存计划。

从前的经验和认知曾经为服务商带来过成功，随着市场环境的改变，这些经验和认知又可能让服务商陷入亏损，如果不学习科学的库存计划方法，配件生意就会越做越难，很可能无利可图。库存计划的基础是概率论和数理统计，利用大数据能够帮助服务商更好地预测市场需求，降低库存错配和呆滞风险，提升效率，健康发展。相比之下，依靠经验模式的库存计划，则更像是赌徒凭运气在与赌场较量，胜算很低，错配只会越来越严重。不断学习，与时俱进，才能跟上时代的步伐，这正是写作这本书的目的。

在此，我首先要感谢我的妻子和两个女儿，是她们的支持和鼓励才让我多年来坚持写作，终于完成此书。我还要感谢厦门柚可信息科技公司的两位合伙人郭翔先生和黄平华先生，是他们根据书中的配件库存计划算法开发了智库管家®（Smart Inventory Report）系统，帮助很多服务商改善了配件库存结构。感谢广州、广西、徐州、杭州、四川、贵州、云南、湖南、湖北、重庆、临沂和济宁等工程机械行业协会、配件协会或商会，与我交流了很多配件行业的痛点和经验，特别感谢广州工程机械行业协会执行会长宋超雄先生，为本书的写作提出了很多宝贵的建议和真实案例。感谢慧聪工程机械网总经理王彩英女士和《今日工程机械》杂志主编闫晗先生，为本书的编写、出版和推广出谋划策。我也要特别感谢广西福兴茂公司的董事长雷景波先生的信任，成为智库管家®的第一位用户，并使用至今。感谢所有用户的信任与支持。

认知误区	我们曾经在配件业务中取得过成功，这些成功证明我们懂得如何经营配件，如何计划库存。
重新定义	时代已经改变，过去的成功不能保证未来的成功，如果不学习科学的库存计划方法，就无法保证配件业务的可持续发展。

目　录

第1章　在增量市场极易落入库存错配的陷阱　1

1.1　服务商需要提升库存错配的风险认知　4

1.2　科学的库存计划能够降低库存错配　4

1.3　传统供应链模式库存错配难以避免　7

1.4　"牛鞭效应"放大了库存错配　8

1.5　啤酒游戏对改善配件库存计划的启示　12

1.6　应对不确定性的强大工具——概率论　15

第2章　服务转型对后市场能力提出了挑战　19

2.1　中国经济正在经历从制造到服务的转型　20

2.2　在存量市场更体现出能力的重要性　21

2.3　服务后市场的销售和利润潜力模型　23

2.4　库存计划意味着服务商能力升级　26

2.5　配件库存计划中的悖论和解悖　28

2.6　为什么要关注配件库存计划？　31

2.7　库存计划的重要性被严重低估　34

第3章　配件业务的关键绩效指标　37

3.1　后市场吸收率　38

3.2　配件现货率　　　　　　　　　　　　　　　　　　39

3.3　库存周转率　　　　　　　　　　　　　　　　　　40

3.4　库存订单比率　　　　　　　　　　　　　　　　　42

3.5　健康库存比率　　　　　　　　　　　　　　　　　43

3.6　库存动销率　　　　　　　　　　　　　　　　　　43

3.7　库存回报率　　　　　　　　　　　　　　　　　　44

第4章　树立正确的库存计划理念　　　　　　　　　　49

4.1　存储配件库存的目的　　　　　　　　　　　　　　50

4.2　库存持有成本　　　　　　　　　　　　　　　　　51

4.3　缺货成本　　　　　　　　　　　　　　　　　　　54

4.4　库存的边际效益和边际成本　　　　　　　　　　　54

4.5　报童模型及其数理统计原理　　　　　　　　　　　56

4.6　报童模型的启示与应用　　　　　　　　　　　　　59

4.7　库存计划中最重要的理念——平衡　　　　　　　　62

第5章　认知误区加剧了库存错配　　　　　　　　　　69

5.1　认知误区1：库存越多配件现货率越高　　　　　　70

5.2　认知误区2：库存是吞噬现金的"魔鬼"　　　　　71

5.3　认知误区3：库存多放几年迟早会卖出去　　　　　72

5.4　认知误区4：优秀企业必须100%满足客户需求　　74

5.5　认知误区5：没人能预测未来的配件需求　　　　　74

5.6　认知误区6：库存计划就是做需求预测　　　　　　75

第6章　配件分类与库存策略　　　　　　　　　　　　77

6.1　配件分类法　　　　　　　　　　　　　　　　　　79

6.1.1　ABC分类法　　　　　　　　　　　　　　79

6.1.2　FSN分类法　　　　　　　　　　　　　　80

6.1.3　VED分类法　　　　　　　　　　　　　　81

6.1.4　SDE分类法　　　　　　　　　　　　　　82

      6.1.5　XYZ 分类法   82

  6.2　"拉式"策略和"推式"策略   84

  6.3　服务商的配件库存策略   85

  6.4　主机厂的配件库存策略   88

  6.5　不同库存结构背后的理念差异   91

第 7 章　三箱库存模型   93

  7.1　需求预测的数理统计基础   94

  7.2　交货期、补货点与经济订货量   97

      7.2.1　交货期   98

      7.2.2　补货点   98

      7.2.3　经济订货量   99

  7.3　定量订货系统与定期订货系统   101

  7.4　安全库存   104

      7.4.1　平均值 - 最大值计算方法   105

      7.4.2　正态分布计算方法   106

      7.4.3　正态分布计算方法的讨论   108

      7.4.4　泊松分布计算方法   110

  7.5　三箱库存模型与健康库存水位   112

  7.6　使用三箱库存模型降低错配风险   117

  7.7　专项交付服务 DDS 降低配件库存   119

第 8 章　配件库存的评估与优化   123

  8.1　配件库存的基本公式   125

  8.2　有效库存与无效库存   125

  8.3　使用三箱库存模型减少无效库存   127

  8.4　配件库存管理中的"相对论"   130

  8.5　库存周转天数体现出库存管理水平   132

  8.6　持续优化库存结构   133

      8.6.1　记录真实的库存数据   133

8.6.2 聚焦 80% 的快速周转配件 135

8.6.3 清理慢周转和零周转库存 136

8.6.4 接受慢速周转配件缺货 136

8.6.5 控制配件品类 SKU 和最小订货批量 138

8.6.6 使用模型和算法改善库存计划 138

8.6.7 缩短交货期，抑制"牛鞭效应" 139

8.6.8 集中库存策略 139

第 9 章 库存计划中的哲学思想 141

9.1 人体健康靠好习惯，库存健康靠好认知 142

9.2 库存管理原则：管住"嘴"，迈开"腿" 143

9.3 多即少，少即多 144

9.4 流则清，滞则浊 147

9.5 赌徒永远赢不了赌场 147

9.6 沿着旧地图，找不到新大陆 149

第 10 章 数智化转型将改变库存计划的模式 151

10.1 数据的力量超出了人们的想象 152

10.2 从数据中发现配件需求的 DNA 155

10.3 配件库存管理的数字化转型 157

10.3.1 信息化不等于数字化 158

10.3.2 库存数据的清洗 158

10.3.3 库存数据的可视化 159

10.4 数字化转型对服务商的意义 161

10.5 数字化转型盘活呆滞库存 163

10.6 数字化转型改变配件供应链模式 165

10.7 数智化转型是库存计划的终极解决方案 168

参考文献 173

第**1**章

在增量市场极易落入库存错配的陷阱

我们对泰坦尼克号有绝对的信心。
我们相信，这是一艘永不沉没的船。

——菲利普·富兰克林

1953 年，日本丰田公司副总裁大野耐一提出了及时生产系统（just in time，JIT），其核心理念就是：让正确的物资以正确的数量，在正确的时间出现在正确的地点。通过减少生产过程中的库存，改善投资回报，简单概括就是一句话：库存带来了隐含成本，是一种资源浪费，要尽量避免。

对此，很多服务商却不以为然，他们认为，及时生产系统仅适用于生产企业，通过匹配生产原料与生产计划，消除库存来削减生产流程中的成本，逐渐实现"零库存"状态。而在产品的售后服务过程中，配件需求随机性强，配件品类复杂，需求难以形成批量，所以配件库存是必不可少的。

很多服务商一直保持着依靠经验做库存计划的传统，也倾向于让经验丰富的服务工程师兼职做配件库存计划，理由也很简单：他们来自第一线，更了解客户需求。这种做法曾经给他们带来过成功，因此很多服务商对自己的库存计划一直充满信心，就像英国白星航运公司副总裁菲利普·富兰克林对他们建造的泰坦尼克号有绝对的信心一样。

在过去的 20 年中，中国的汽车、农机和工程机械行业高速增长，企业的一切活动都围绕着产品销售进行，维修服务和配件供应只是产品售后的辅助环节，管理层只关心服务的及时性和配件现货率，只要客户投诉不会影响产品销售，作为一个保障销售的成本中心，服务部就完成了任务。当现货率成为配件业务唯一关注和追求的绩效指标时，企业必然会不惜代价提升配件现货率，就不可避免地产生库存错配。

很多主机厂也大肆宣传"配件库存越大，客户满意度越高"的理念，鼓励经销商增加库存来提升配件现货率，经销商也喜欢向客户展示他们琳琅满目的配件仓库，以证明他们的服务保障能力，提升客户的信心，促进整机和配件的销售。

在增量市场很多主机厂和经销商推行"整机养服务"的策略，没有人会关注配件库存是否过高、库存错配是否严重或者配件业务能否盈利，人们眼里只有设备销量和市场占有率，销售业绩掩盖了其他一切问题。

在这种理念指导下，工程机械和农机行业的服务商不断增加配件库存，追求更高的客户满意度，也因此产生了大量的无效库存，落入库存错配的陷阱。很多服务商已经习惯于增量市场的思维，以为市场会一直增长，配件需求也会越来越大。当市场饱和、销量下降时，特别是当设备销售的利润下滑时，整机利润已经无法涵盖服务成本，服务商把目光转向后市场，配件库存问题就暴露了出来。

后市场是指在产品（汽车、机械设备或农机）销售以后，使用过程中衍生出来的服务市场，涵盖了客户购买产品后所需要的各种服务，包括：维修、保养、配件、油品、改装、属具、二手车、以旧换新、租赁、保险、金融服务等。后市场对服务商的能力提出了更大的挑战，同时也给服务商带来了新的发展机遇，即跨越第二曲线、实现可持续发展的可能性。

传统的配件库存是一种"守株待兔"的供应链模式，服务商先把配件放进仓库，等待客户上门。一旦需求与预测不一致，就可能产生呆滞库存。很多服务商没有意识到配件库存存在的这种固有风险，如果库存计划做得不好，极易落入库存错配的陷阱，造成巨大浪费。

库存错配的后果是：一方面客户需要的配件缺货，影响了服务的及时性，导致订单流失，甚至客户流失；另一方面服务商的资金被无效库存占用，无法产生效益。为了满足客户的需求，服务商不得不增加配件库存投入，增加紧急运输和协调成本，这不仅降低了配件毛利率和库存周转率，还影响了企业运营的效率和效益。

根据厦门柚可信息科技公司对数十家经销商和直营公司配件库存的分析结果，很多配件仓库错配严重，过剩和呆滞库存比率高达80%，导致经销商既无法满足客户需求，又难以赚钱。高德纳集团（Gartner Group）的研究报告也指出，提高需求计划的准确性能够降低库存错配，对企业和客户的意义重大，见图1-1。

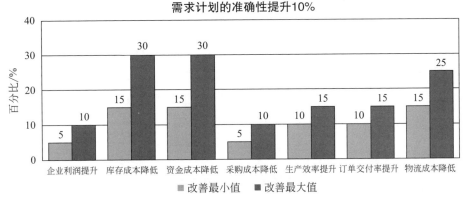

图 1-1 提升需求计划准确性对企业和客户都十分重要 [1]

服务型企业无法做到零库存，那样做必然会牺牲服务的及时性，导致客户流失，对品牌和口碑产生负面影响。中国经济已经由增量市场进入存量市场，如何在存量市场中获得服务和配件的利润收益，是服务商面临的一个新课题，而做好库存计划则是配件业务盈利的重要保证。

1.1 服务商需要提升库存错配的风险认知

丰田及时生产系统（JIT）是一种理念和认知，它告诉我们库存本身是一种浪费。然而，售后服务中的配件库存又必不可少，因为服务商必须付出库存代价来为客户节省时间，提升服务及时性，赢得客户满意。但是，如果服务商的库存计划做得不好，他们付出的代价既不能为客户带来价值，也无法获得回报。

当客户亟须配件来修复设备时，缺货会令他们不满，甚至流失，所以服务商必须关注配件现货率。但是，通过增加库存来提升配件现货率却是事倍功半的做法，这会占用企业更多的资金，使库存错配更加严重，最终导致配件现货率更低。所以，服务商需要提升对库存错配风险的认知，在配件现货率和库存周转率之间寻求平衡。

这些年设备保有量不断增加，让人们产生一种错觉，以为配件需求也会同比增长。实际上配件市场的总体需求与设备保有量无关，而与设备开工率关系密切。随着设备开工率不断下降，不仅配件总体需求没有增加，而且客户对配件的价格更加敏感，因为维保成本高了客户就无法承受。配件的高毛利已不复存在，随着配件毛利率和库存周转率同时降低，服务商对库存错配也更敏感，一旦无效库存比率增加，配件业务就难以盈利。

此外，国产品牌的产品迭代十分迅速，每次产品改型的副作用就是在服务商仓库里又积压了一批老旧配件，随着时间推移逐渐变成了无人问津的"死库存"。这在很大程度上加剧了配件库存的风险，让错配变成了实实在在的损失。本书将在第 4 章和第 5 章讨论库存计划的理念和对库存错配的认知。

1.2 科学的库存计划能够降低库存错配

在 20 世纪 80 年代出版的《动荡年代的管理》一书中，管理大师彼得·德鲁克第一次明确提出变化对商业社会的冲击，告诫人们商业环境已经进入高度的动荡紊态。这一概念在 1991 年被美军用来描述"冷战"结束后世界局势呈现的不稳定（volatile）、不确定（uncertain）、复杂（complex）和模糊（ambiguous）的状态，被称为乌卡（VUCA）时代。

现在，VUCA 被广泛用来形容混乱和快速变化的商业环境，新冠疫情为全球经济按下了暂停键，充分诠释了当今商业世界 VUCA 时代的特征。VUCA 概念提出 30 年后，人类学家詹姆斯·卡斯库提出了 BANI 的概念，描述这个时代的脆弱（brittle）、焦虑（anxious）、非线性（nonlinear）和难以理解（incomprehensible）。在当今这个世界上，人们必须面对可变性（不确定、非线性、模棱两可、难以理解）和加速（不稳定、焦虑、复杂、脆弱）的挑战，而且变化越来越快，那些管理粗放、难以改变的企业，必然面临被淘汰的命运。

最近几年，笔者走访过很多供应商、主机厂和服务商，他们的配件库存错配问题十分普遍，而且难以控制，管理者对此深感焦虑。他们投入了资金，却无法获得回报；他们增加了库存，却不能提升客户满意度；他们聘用了经验丰富的员工，库存周转率却一降再降，这一切让他们既感到不解，又无能为力。

新冠疫情和"双碳"政策（碳达峰和碳中和）让库存错配雪上加霜。配件业务为服务商创造出的自由现金流越来越少。自由现金流是指企业经营活动产生的现金流量扣除资本性支出的差额，即企业满足了短期运营资本投入和长期发展投入之后，可以自由支配的资金。库存呆滞和应收账款严重影响了自由现金流，使服务商的资金捉襟见肘。

服务商仓库里的配件能否卖出？存放多久可以卖出？这些取决于服务商的库存计划水平。很多服务商只相信经验，不相信数据，但是仓库里该存什么配件、该存多少数量，不该存什么配件，没有人比需求数据知道得更准确，库存数据具有时间序列的延续性和周期性，数据背后隐藏着市场需求的 DNA，变量之间也存在相关性，表现为配件业务的可重复性，因此需求预测才有意义。

库存计划就是用概率论和数理统计的方法来预测市场需求，让库存不仅能满足客户需求，还符合投资政策的经济性，在随机性很强的售后服务配件市场里，利用数据和数理统计的方法找出配件需求的基准线。所以，要做好库存计划，就需要从库存和客户数据中挖掘出更大的价值。

与零售业及便利店相比，机械行业的库存计划仍然十分落后。经营鲜食的食品店或便利店中很多货品的保质期仅有 1 天，如果计划做得不好，就会造成大量浪费，带来严重损失。机械行业经营的"铁家伙"质保期很长，即使是存储条件较为苛刻的橡胶件，质保期也有 24 个月。配件质保期长，导致很多企业不重视库存计划，似乎配件永远不会过期，迟早都能卖出去，只是多存几年而已。

根据厦门柚可信息科技公司的调查结果，工程机械服务商的平均库存周转率仅为 3 次／年左右，其中有效库存不到 1/3，无效库存（过剩库存和呆滞库存）的总金额超过 2/3！难怪很多服务商感到赚钱越来越难，背负着如此沉重的"包袱"前行，怎么会不难？由于库存错配，大量资金被无效库存所占用，加剧了缺货风险，订单流失和客户流失所造成的损失更是难以估量。假如通过科学的库存计划将无效库存减少一半，服务商手里的现金流就能大幅增加，库存周转率和资金回报率将会提升50%。否则，这些无效库存中很大一部分将会变成服务商的直接损失！

笔者常常对配件店老板提出一个拷问灵魂的问题："如果你今天退出配件生意，仓库里的那些库存能够以几折变现？"无法变现的库存将会变成一堆废铁，变现时的折扣也是企业的损失，又有多少服务商能够承受这些损失？不少服务商的配件库存周转率已经低于 2 次／年，其中呆滞库存损失将非常严重。

多数服务商的管理者十分擅长销售或财务，但是对配件库存计划却知之甚少。他们善于计算配件售出所获得的收益，却不会评估配件库存积压可能产生的风险。服务商通常对于应收账款有很强的风险意识，可是对呆滞库存却习以为常。其实，应收账款是放在客户那里的库存，呆滞库存与应收账款的风险都很大，呆滞库存即使放在公司里风险同样很高。

所以，管理者必须重视配件库存，它们直接影响到企业的资产回报率。如果将库存周转率提高两倍，服务商就可以用现有的资金做两倍的生意，或者用 1/2 的资金做现有规模的生意。管理者要把常态化自查作为一种习惯，定期排查积压库存，找出那些超过临界库龄的配件，分析超期库存的原因，就像一个胖子如果不改变生活习惯，即使减肥的愿望很强烈也无济于事，不改变库存计划的方法，库存错配只会越来越严重。

服务商可以通过建立库存计划模型和算法来确定每一种配件库存应该存储的数量，这样就能减少无效库存，降低库存错配，实现数字化转型，在 BANI 时代赢得竞争优势。

要降低库存错配，服务商必须做出改变，首先要改变对库存计划的认知，同时还要改变库存计划的经验模式。本书将在第 6 章和第 7 章讨论库存计划的策略、模型和算法。

1.3 传统供应链模式库存错配难以避免

在制造业中，一般生产制造环节是重资产，而分销、零售和服务环节是轻资产，但是工程机械行业有所不同，由于上游主机厂的话语权很重，他们把大量的整机和配件库存转移到下游的分销环节中，让服务商来承担库存风险，一些主机厂甚至不愿为产品改型所造成的呆滞库存承担责任。这种供应链模式必然产生大量的库存错配。

主机厂以提升服务及时性和客户满意度为由，要求服务商增加配件库存，以实现较高的配件现货率，似乎库存越多服务越及时，客户越满意，这完全是一种线性思维模式。

世界并非线性的，随着产品型号的增多，配件品类 SKU 已经增加到成千上万种，增加库存未必能提升配件现货率和客户满意度，如果采用经验模式做配件库存计划，那么错配问题不可避免，结果就会不断重复下面的场景：仓库里存储的配件客户不需要，客户亟须的配件仓库里又没有，最终不仅客户不满意，还会影响服务商的现金流。

服务商的配件库存就是主机厂的销售业绩，把配件库存转移到服务商的仓库里，主机厂就能实现销售目标，这才是他们增加下游库存的主要动力。至于服务商的配件能否卖出去，什么时候卖出去，库存是否会呆滞，一些主机厂并不关心。利益不同让主机厂更热衷于向服务商转移库存，而不是帮助服务商增加收益。

日本 7-Eleven 为便利店打造了一个良好的供应链生态，鲜食每天配送 3 次，多数鲜食能在 1 小时内售出，库存周转率高达 36 次 / 年，显示出卓越的供应链能力和库存计划水平 [2]。与之相比，机械行业库存订单的订货频率通常为每周 1 次，有些主机厂甚至规定每月订货 1 次，迫使服务商不得不增加库存，导致库存效率下降，库存周转率不足 7-Eleven 的 1/10。

在阅读《零售的本质》一书时，我为 7-Eleven 极致的库存计划感到惊叹，脑子里突然冒出一个大胆的想法："假如机械行业采用 7-Eleven 便利店的库存计划方法，能够节省出多少配件库存？"这个想法让我兴奋不已，如果 7-Eleven 也是依靠经验模式来做库存计划，那些便利店可能早就倒闭了！这说明，科学的库存计划能给企业带来巨大的价值！

如果机械行业采用 7-Eleven 的库存计划方法，每家服务商的无效库存至少可以减少 50%~80%。正是由于 7-Eleven 为其加盟店引入了极致的库存计划和"小批量、高频率"的供货体系，才给那些加盟店带来了远高于同行的价值和利润。2020 年，7-Eleven 的人均净利润高达 132 万元，甚至超过了阿里巴巴。

汽车、农机和工程机械的分销体系已经运营了几十年，配件的分销体系一直采用自上而下的供应链模式，由配件供应商到上游主机厂（original equipment manufacturer，OEM），通过经销网络供给下游服务商，最后交付到用户手中。

传统的供应链模式是层层分销，一级级地做出需求预测、采购、运输和仓储，每一次入库、仓储、出库、包装和运输都会增加一次成本，环节越多，速度越慢，成本越高，其中必然产生很多浪费。

由于配件市场竞争日趋激烈，配件毛利率也降至 20% 左右。一旦配件呆滞，库存损失就可能是 100%。考虑到存储期间的库存持有成本（资金成本、人工成本和仓储成本等），配件业务的风险不断增加，很多服务商感觉配件生意赚钱越来越难，原因就在于库存流动性逐年变差，可很多人并没有意识到其中的风险。

如果不能抑制库存错配，不能控制仓库中呆滞库存的比例，配件业务的效率将会越来越低，总有一天将无利可图。

在 BANI 时代，非线性的世界变得越来越脆弱和难以理解，必须改变原有的商业模式，才能迎接时代的挑战。创新理论的创始人约瑟夫·熊彼特说："解决问题的能力就是创新。"我们需要用产业互联网的思维完成数智化转型，实现后市场配件供应链的协同效应，最大限度地降低库存错配，才能保证配件价值链上每家企业的利益。

改变传统的配件供应链模式，提升服务商的库存周转效率，摆脱库存错配的困扰，帮助服务商走上健康、盈利和可持续发展的道路，是很多中国企业亟待解决的问题，本书将在第 10 章讨论数智化转型和反向供应链模式。

1.4 "牛鞭效应"放大了库存错配

20 世纪 60 年代，麻省理工学院斯隆商学院开发了一款啤酒游戏，让学生通过游戏体会产销系统供应链中存在的"牛鞭效应"，即需求小幅上扬，却导致库存过度增加，从而引发产品积压的商业现象。

在游戏中学生可以选择扮演啤酒制造商、批发商或零售商 3 种角色，彼此之间只能通过订单和送货流程进行沟通，每个角色拥有独立自主权，决定该向上游订多少货、向下游销多少货，以使自己角色的利益最大化。

顾客则由游戏自动扮演，即需求订单自动生成，只有零售商能直接面对顾客，批发商供货给零售商，制造商供货给批发商，由此模拟市场需求的变化对零售商、批发商和啤酒制造商所产生的不同影响。

假设你是一个零售商，经营的是一款销量非常稳定的"情人啤酒"，顾客大多是 20 多岁的年轻人。由于情人啤酒销量稳定，啤酒的交货期为 4 周，每周会销售大约 4 箱啤酒，你也会订购 4 箱啤酒，将啤酒的库存量保持在 12 箱，以免缺货。

第 1 周一切如常，零售商销售了 4 箱啤酒，批发商又送来 4 箱啤酒，同时拿走 4 箱啤酒的订单，订货周期为 1 周，库存结余 12 箱，这是零售商的常规操作。

从第 2 周开始，某摇滚乐团在附近举办了一场露天音乐会，导致第 2 周啤酒销量增加了 1 倍，达到 8 箱，库存只剩 8 箱了。零售商以为是有人举办宴会多买了一些啤酒，为了应对销量变化，这周订了 8 箱啤酒。

音乐会还在进行，第 3 周啤酒销量仍然是 8 箱，批发商送来 4 箱啤酒，这样库存只剩 4 箱了，按照这个销量，下周啤酒的库存就见底了！

零售商认为一定是啤酒商做了广告宣传，导致销量大增，还在纳闷为什么没有事先通知自己。为了避免缺货，他们这周订了 12 箱啤酒。其实，在摇滚乐团新专辑的主打歌曲里，结尾有一句"我喝下最后一口情人啤酒，投向太阳"的歌词，让情人啤酒一下子火了起来。

第 4 周，仍然销售了 8 箱啤酒，零售商也听说了音乐会的事情，批发商送来 4 箱啤酒，可是库存全卖光了！所以零售商一口气订了 16 箱啤酒，免得因缺货而影响声誉。

第 5 周仍然销售了 8 箱，批发商送来 4 箱啤酒，啤酒已经出现了缺货。零售商只好跟两位预约的老顾客道歉："非常抱歉！下周到货后我马上给您送去。"零售商立即又订了 20 箱啤酒。

第 6 周库存情况依然严峻，销售了 8 箱，批发商送来 8 箱啤酒，可库存仍然缺货。考虑到之前已经多订了一些货，零售商又继续订了 16 箱。

第 7 周销售仍是 8 箱，到货 12 箱啤酒，总算补足了缺货，可库存仍然为零，零售商减少订货量到 12 箱。

第 8 周到货 16 箱啤酒，考虑到之前的订货量，零售商恢复到每周 4 箱的订货量，库存也恢复到 8 箱，这是一个相对比较安全的库存水平。

第 9 周到货 20 箱啤酒，考虑到还有很多啤酒在路上，零售商没有继续订货，幸好销量仍维持在每周 8 箱，看来这可能是未来的常态。啤酒库存已经悄悄地上升到 20 箱，下周不能再订货了。

第 10 周没有订货，可又收到了 16 箱啤酒。因为音乐会结束了，销量回落到每周 4 箱，库存增加到 32 箱，零售商顿时感到了库存压力。

第 11 周收到 12 箱啤酒，销量保持在每周 4 箱，库存增加到 40 箱，比正常时的 3 倍库存还多。

尽管零售商已经停止订货，他们的库存仍然需要很长时间来消化，好在啤酒是一种快销商品，如果是不常用的商品，库存积压的后果将非常严重。

仅仅一场音乐会就造成了如此巨大的库存波动，而每年都有各种各样的节假日、音乐会和体育比赛，都会造成市场需求波动，如何应对这些变化，做到既不丢失客户，又不产生过多的库存积压是一个困难的课题。

一场为期 8 周的露天音乐会使啤酒需求量从每周 4 箱增加到每周 8 箱，就引起了零售商如此大幅的库存波动，最高库存量达到 40 箱，而且还出现了 2 周啤酒缺货的情况，如图 1-2 所示。

市场的变化也从零售商传导到批发商那里，造成的影响更大，不仅让批发商的库存量由平时的 12 卡车啤酒增加到最高库存 94 卡车，还连续 5 周出现了供不应求的状况，不仅失去了商业机会，还对品牌产生了负面影响（图 1-3）。

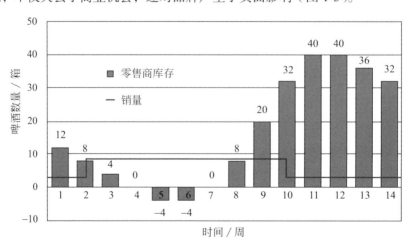

图 1-2　音乐会引起的零售商啤酒库存的变化

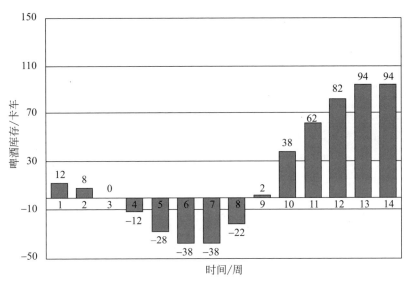

图 1-3　音乐会引起的批发商啤酒库存的变化

同样，啤酒制造商也受到了很大影响。情人啤酒只是啤酒厂的一款产品，啤酒酿造周期为2周。这种啤酒品质不错，但销量并不大，公司刚刚招聘了一位营销总监，希望加强市场营销，扩大销量。

雄心勃勃的销售总监上任才几周，情人啤酒的订单就快速增长，已经供不应求了。老板对新任销售总监赞不绝口，可由于啤酒厂产能不足，新任销售总监马上申请增加一条生产线，老板也十分支持。

8周以后，新的啤酒生产线建成投产，产能扩大了1倍。可这时很多批发商的订单突然没有了，导致这条新投产的生产线停工！制造商产能过剩，库存增加，说明增加新生产线是一个错误的决策，曾经信心满满的销售总监只好递上了辞呈……

以上只是啤酒游戏的结果之一。几十年来，来自不同背景的数万人参加了啤酒游戏，相同的情况一再发生，得到的结果也大同小异：无论是下游零售商、中游批发商，还是上游制造商，都受到需求变化的不利影响，而且这种影响被逐级放大，从初期的缺货，到后期的严重过剩，其中的原因必定超出了个人因素。

由于一场音乐会导致需求改变，使啤酒需求量从第2周到第9周增加到每周8箱，音乐会结束后又恢复到每周4箱，却对供应链上的各个环节产生了巨大的影响，问题出在哪里呢？

1961年，杰·弗里斯特（Jay Forrester）首先提出了"牛鞭效应"，是指供应链上的一种需求变异放大的现象，当信息流从终端客户向原始供应商传递时，无法有效地实现信息共享，使得信息扭曲而逐级放大，导致需求信息出现越来越大的波动，在形状上很像一根甩起的牛鞭，因此被称为"牛鞭效应"（图 1-4），也就是经济学中的库存加速器理论（inventory accelerator theory），供应链越长，波动越大。

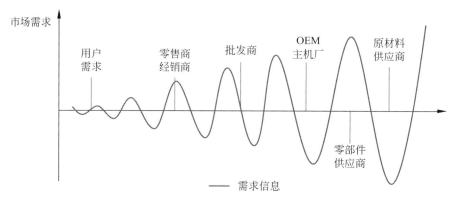

图 1-4　供应链管理中的"牛鞭效应"

下游、中游和上游的每个角色只能根据订单来判断需求的变化，缺少信息共享和相互协调，信息碎片化导致决策失误和库存错配。库存错配的原因是信息错配，而"牛鞭效应"放大了这种错配效果。在多数情况下，做到信息对称十分困难，除非我们可以实时、准确地共享和掌握市场需求信息，这正是数字化转型背后的驱动力之一。

当企业发现市场需求改变时往往为时已晚，决策延迟增加了库存计划的失误概率。如果企业希望避免缺货，就必须用安全库存来应对预测偏差。可是很多企业甚至不知道如何设置安全库存，担心缺货就会采取矫枉过正的做法，增加缺货物品的库存，结果常常导致更严重的库存错配。

1.5　啤酒游戏对改善配件库存计划的启示

啤酒游戏揭示了供应链运作的特点和一些关键问题，需求波动放大效应会导致订单和库存的震荡，从客户需求到零售商，从批发商到制造商，信息错配导致需求预测误差被逐级放大，而且呈现出明显的滞后特征，决策延迟让人们采取的校正措施往往为时已晚。

服务商在配件供应链中的角色与啤酒零售商类似，由于担心缺货引起客户不满，每当缺货时，库存计划人员都会增加紧急订单加以补救并且通常是根据经验缺一个补两个，以免再次缺货。

然而，从啤酒游戏中我们也发现，亡羊补牢地增加订货量会造成库存过剩，因为缺货或过剩并非某个人的决策失误，而是供应链中信息滞后的结果。配件品类的复杂程度远远高于啤酒，啤酒周转很快，呆滞风险低；而对于那些需求较少的慢速周转配件，库存计划难度更大，一旦积压还会产生呆滞和报废风险，所以大量呆滞库存将是服务商的一场灾难。

"牛鞭效应"产生的根本原因在于制造商和批发商的生产和库存计划是基于下游的订货数据，并非市场的真实需求。就像啤酒游戏里所展示的那样，零售商由于担心缺货而增加库存，给上游企业传递的信号就是：市场需求正在增加！这可能与实际情况存在偏差，从而导致上游企业做出错误的判断和决策。如果客户需求的真实数据只掌握在下游零售商手里，上游供应商只能根据下游订单来推测市场的变化，就像盲人摸象一样，难免产生预测偏差。

"牛鞭效应"为我们提供了一些有益的启示。

首先，要抑制供应链管理中的"牛鞭效应"，上下游企业必须共享客户需求数据，只有消除信息错配，才能及时洞察市场需求的变化，在制造商、批发商和零售商之间实现供应链协同。所以，需要加强信息系统建设，用数字化提高供应链的决策效率和准确性，降低运营成本。

玛氏和雀巢咖啡等快消品公司的需求预测都是基于一线终端销售数据，他们定期从尼尔森公司购买全国各地的消费数据库（顾客消费的真实数据），然后层层汇总并最终做出各级市场的需求预测和占有率评估。

日本 7-Eleven 也将自己定位成一家数据公司，他们投资 3 000 亿日元的信息系统已经升级到第 6 版，帮助加盟店根据顾客需求变化做库存计划并及时进行调整。

其次，做好市场调研，及时了解客户需求，如果事先得到音乐会举办的信息，就能提前增加安全库存，做好风险管理，应对需求变化，否则只能根据订单变化预测市场需求，与实际需求之间常常存在滞后，在需求翻倍的情况下仍能够避免缺货是个不小的挑战。

假如零售商事先了解到每年春天这里都会举办 8 周的露天音乐会，根据以往的经验，音乐会期间啤酒销量会翻倍，他们就可以在音乐会举办之前增加啤酒库存，甚至可以集中采购 32 箱情人啤酒（即音乐会期间的啤酒增加量）作为备用库存。这样既不必担心缺货，又给了批发商充足的备货时间，还可能享受批量折扣，增加销售利润。

在配件供应链运营中，企业需要制定合理的库存策略，确保库存水平与需求变化相适应，以降低库存成本和缺货成本。追求过高的配件现货率很可能导致库存过剩。

最后，啤酒游戏中零售商的订货周期为 1 周，交货周期为 4 周，所以啤酒的补货周期是 5 周（订货周期与交货期之和），交货期长说明供应链的灵活性差，下周到货的是 4 周前订购的啤酒，导致需求增加时不能马上补到货，需求减少时却还有很多货在路上，容易造成缺货或积压。

即使需求相对稳定，不设置任何安全库存，零售商也应该至少准备 5 周（即补货周期）的啤酒销量作为周转库存，即至少保持 20 箱啤酒库存。因此，12 箱的啤酒库存并不足以应对需求的变化，特别是当需求翻倍时，如此低的库存量无法避免缺货。

此外，缩短订货周期和交货期能够降低零售商的库存压力，提高对市场变化的响应速度。日本 7-Eleven 便利店的补货周期为 1 天，任何市场变化都可以在第 2 天补货时加以调整。对于鲜食，他们甚至提供 1 日 3 配，每天可以对鲜食订单进行 3 次调整，保证了便利店对客户需求的快速响应，及时应对需求变化，保证了客户的满意度。

同时，由于每家便利店的补货周期很短，不需要存放过多库存，理论上只需要存储 1 天的需求量，外加一定的安全库存即可满足市场需求，这让便利店节省了大量资金和空间，100 平方米的店面，居然能容纳 3 000 个 SKU，平均库存周转率高达 36 次 / 年。

受此启发，如果啤酒批发商的交货期能够由 4 周缩短为 1 周，零售商的补货周期就能缩短为 2 周，啤酒周转库存就从 20 箱降到了 8 箱，对市场变化的反应速度更快，也能更好地满足客户的需求。当啤酒交货期为 1 周时，库存的"牛鞭效应"就被大大抑制了，零售商的销量和库存量变化曲线如图 1-5 所示，即使事先不知道音乐会的消息，也可能避免啤酒缺货。

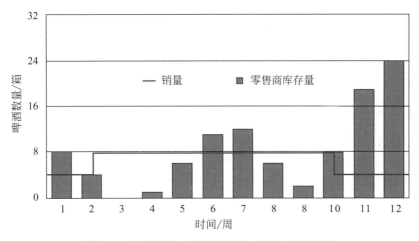

图 1-5　交货期为 1 周时零售商啤酒库存的变化

如果能提前预知市场变化的信息（如音乐会的消息），就可以及时调整进货量，啤酒库存还可以进一步降低，缺货风险也会更小。

啤酒游戏对改善配件库存计划带来新的启示：通过数字化转型实现信息共享，最大限度地抑制"牛鞭效应"。同时，上游供应商应努力缩短补货周期，这样做不仅能降低下游服务商的库存压力，提升库存周转率，还能对市场变化做出快速反应，避免缺货，提高配件现货率和客户满意度。

1.6　应对不确定性的强大工具——概率论

1981 年，美国施利茨酿酒公司斥资 170 万美元，为旗舰品牌施利茨啤酒开展了一次极其大胆的营销活动，在美国橄榄球"超级碗"比赛中场休息期间，现场直播了一场别开生面的啤酒品鉴会，施利茨公司邀请了 100 位竞争对手米切罗啤酒的拥趸，面对全球亿万电视观众，在自己钟爱的米切罗啤酒和施利茨啤酒之间进行一场"盲品"。

他们的广告词是"看季后赛，喝施利茨啤酒！"还邀请了一位前橄榄球职业联赛的裁判来监督整个活动，其目标就是要证明，即使是那些喜欢米切罗啤酒的"铁杆"，在盲品时也会发现自己更偏爱施利茨啤酒！

从哪里来的自信，让施利茨啤酒敢在全世界观众面前举办这样一场充满风险的啤酒品鉴会？难道他们的啤酒真的更好喝吗？假如多数盲品者没有选择施利茨啤酒，施利茨公司就会在全世界观众面前颜面尽失，不仅巨额广告费打了水漂，还免费为竞争对手做了一次广告宣传！

事实上，施利茨啤酒与其他品牌啤酒的口味几乎没有差别，具有讽刺意味的是，这场营销活动的核心正是基于这一点。如果找任意两款差别不大的啤酒进行盲品，猜对品牌的概率基本上和扔硬币差不多，也就是说，有一半的人会选择施利茨，另一半人会选择米切罗。

施利茨公司的高明之处就在于，他们只邀请那些声称自己偏爱米切罗啤酒的消费者参加盲品。在盲品时，如果一群原本忠实于米切罗啤酒的拥趸中，有一半人竟然觉得施利茨啤酒更好喝，那对竞争对手该是多么大的打击！

尽管盲品测试在概率上等同于抛硬币，但会不会出现这样的情况：绝大部分人恰好选择了米切罗啤酒呢？这时候概率论的威力就体现出来了，假如测试的次数是固定的（如有 100 位盲品者），每次测试只有两种结果，即选择施利茨或米切罗，则选择施利茨的概率与选择米切罗的概率都是 50%。

施利茨公司认为，在 100 位盲品者中，至少有 40 位选择施利茨啤酒就是巨大的成功，这是一个非常可观的数字，因为所有盲品者都信誓旦旦地声称自己是米切罗的拥趸。利用概率论的基本知识就能计算出至少有 40 人选择施利茨的概率为 98%，至少有 45 人选择施利茨的概率为 86%。从理论上讲，这场电视营销活动失败的风险并不大。

盲品测试的结果也证明了这一点，在 1981 年"超级碗"中场休息的现场直播中，有 50 位米切罗啤酒的拥趸在盲品中选择了施利茨，正好一半 [3]，这证明了概率论是一个非常强大的统计学工具，是一门研究不确定事件和结果的学问。

如果你连续抛 4 次硬币，没有人能知道 4 次抛硬币的结果，但我们可以知道，抛一枚标准硬币得到正面朝上的概率为 1/2，连续抛 2 次都得到正面朝上的概率为 $1/2 \times 1/2 = 1/4$，连续抛 3 次都得到正面朝上的概率为 1/8，连续抛 4 次都得到正面朝上的概率为 1/16，小于出现两个正面、两个反面的概率。

随机事件在大次数重复时，往往会呈现出几乎必然的规律，这个规律就是大数定律（law of large numbers）。为什么长期来看赌场总是赚钱，而赌徒总是赔钱？这个问题可以用大数定律来解释，因为赌场内所有项目的概率有利于赌场而不是赌徒。只要赌场的营业时间足够长，吸引下注的赌徒足够多，那么赌场赚到的钱肯定要超过赌徒。

为什么施利茨公司会邀请 100 位而不是 10 位米切罗的拥趸来参加盲品呢？这个问题也可以用大数定律来解释，图 1-6~图 1-8 分别是盲品测试的概率密度函数，测试人数分别为 10 位、100 位和 1 000 位，横轴列出了可能出现的各种结果，纵轴则代表对应出现的概率值。

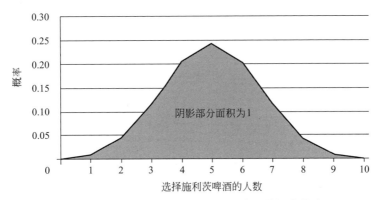

图 1-6　10 位盲品者与选择施利茨啤酒的概率曲线

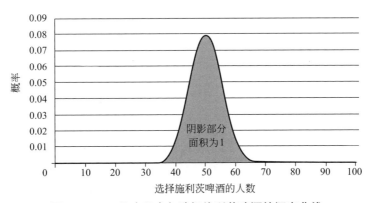

图 1-7　100 位盲品者与选择施利茨啤酒的概率曲线

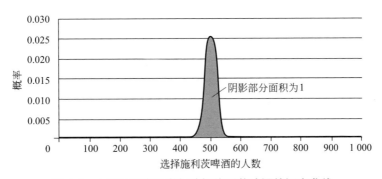

图 1-8　1 000 位盲品者与选择施利茨啤酒的概率曲线

两种品牌啤酒的口感差不多时,每位盲品者选择施利茨啤酒的概率为50%。由于10位盲品者的样本太少,出现极端情况的概率较大。随着盲品人数的增多,越来越多的预期结果向中间集中,而出现位于曲线两端极端情况的概率则快速下降,说明数据越多,发生小概率事件的机会越少。

在不同的盲品人数条件下,超过40%的米切罗啤酒爱好者选择施利茨啤酒的概率分别为:10人时为83%,100人时为98%,1 000人时为99.999 999 99%,1 000 000人时为100%。

所以,看似冒着巨大风险的施利茨啤酒品鉴会,实际上成功的概率非常高,正是这种"盲品"产生的悬念,让施利茨啤酒完成了一次非常成功的广告营销活动,正是概率论给了施利茨公司管理层自信并做出了正确的决策。

配件库存计划的准确性,同样也受到概率论和大数定律的影响,快速周转配件需求量大,数据样本多,预测准确率高,库存计划难度低;相反,慢速周转配件需求量小,数据样本少,预测准确率低,库存计划难度高。无论如何,概率论和数理统计为应对配件需求的不确定性、做好库存计划、改善库存错配提供了强大的工具,这正是本书重点讨论的问题。

认知误区	库存错配是客户需求变化造成的,"牛鞭效应"放大了这种错配的结果。
重新定义	需求变化不可避免,库存错配的真正原因并非需求变化,而是信息错配,改变经验模式做库存计划的方法,做到信息共享,才能降低库存错配。

第2章

服务转型对后市场能力提出了挑战

改变是我们生命中最大的挑战之一，
但也是最大的机遇之一。

——罗伯特·凯根

进入 21 世纪以后，中国的人均收入水平不断提高。根据国家统计局的数据，2010 年人均 GDP 超过了 8 000 美元，2012 年则超过了 9 000 美元。从国际经验来看，从制造到服务转型的拐点就集中发生在人均 GDP 达到 8 000~9 000 美元的年份[4]。

随着收入水平的提高，中国人民的生活水平也在改善，最能反映这一点的就是消费结构的变化。老百姓的日常消费主要可以分成食品、制造业产品和服务 3 类，人们在制造业产品上的支出占比在 2011 年达到了峰值，自 2012 年起持续下降；与此同时，人们的服务开支迅速增长，其中主要是技术密集型服务支出的增长，如在教育、健康和娱乐等方面的投入，这其实已经反映出了消费层面上从制造到服务的变化趋势。

劳动密集型服务是指那些知识和技术含量低、管理粗放的服务，如理发、寄快递、修车和机械设备维修等；而技术密集型服务则是指知识和技术含量高、管理精细化的服务，如医疗、娱乐、教育、金融服务等，配件库存计划和设备运营管理也属于技术密集型服务。

中国社会科学院世界经济与政治研究所副所长张斌在其著作《从制造到服务：结构转型期的宏观经济学》中做出了一个判断：中国经济在 2012 年前后告别了工业化高峰期，开始了从制造到服务的经济结构转型，收入的增加带来的消费升级是推动这一转型的原动力。

中国经济在 2010 年年末退出"四万亿刺激计划"后，GDP 增速旋即开始下跌。2012 年第二季度中国 GDP 增长率跌至 7.6%，跌破了"保八"底线。无独有偶，工程机械行业 2012 年也出现了巨大的变化，开启了连续 5 年的市场调整，不少企业倒闭，大批员工失业，债权问题严重。为什么工程机械行业没有出现服务消费升级？

2.1　中国经济正在经历从制造到服务的转型

现在，工程机械行业正在从增量市场进入存量市场，很多企业把目光从整机销售转向服务后市场。但是，低迷的设备开工率同样对后市场产生了负面影响，盲目增加库存来增加配件销量，很可能导致"高库存、高缺货和高风险"的灾难。

进入服务经济以后，服务型企业越来越多，面临的挑战也更大，其中最大的挑战在于能力不足和人才短缺。例如，服务商不知道如何管理好库存资产，从前粗放式的库存计划经验模式会产生巨大的浪费。如何避免配件库存错配，既满足客户需求，保证后市场配件业务增长，又避免库存的呆滞风险，正是本书所要讨论和解决的问题。

配件销售机会与库存量之间的关系近似正态分布，库存越充足，销售机会越大，销量就可能增长。但是，前提条件是库存结构合理，如果存储的配件客户并不需要，或者库存量超出了客户的需求，就会出现库存错配，既无法发挥库存的作用，也无法增加销售机会。

为了追求配件业务的增长，很多服务商不断增加库存，用高库存支持高销量，却忽视了高库存带来的高风险，造成了不良后果。因此，随时监控配件现货率和库存周转率能够帮助企业及时发现问题，让库存处于良性循环的状态。

传说哥伦布之所以能够发现新大陆，就因为出发前他把那张旧地图搞丢了。沿着旧地图，找不到新大陆。库存计划也是如此，继续沿用过去的经验和方法，不可能解决当今服务商面临的库存问题，是时候做出改变了。

2.2 在存量市场更体现出能力的重要性

图 2-1 和图 2-2 是 2008 年以来全球工程机械 50 强中，中国企业的营业利润率和资产回报率与全球 50 强平均值的比较（数据来自《中国工程机械》杂志）。我们可以看到，2012 年是一个转折点，中国工程机械企业的营业利润率和资产回报率都在这一年开始低于全球 50 强的平均值。

回顾过去 10 多年行业发展的历程，我们发现，2012 年对于中国工程机械市场来说也是一个分水岭，在此之前是高速增长的增量市场，在此之后是逐渐饱和的存量市场，增量市场的经营重点是做好营销去吸引新客户，存量市场的经营重点则是做好服务来留住老客户，发展后市场。

图 2-1 全球工程机械 50 强与中国企业的营业利润率比较

图 2-2 全球工程机械 50 强与中国企业的资产回报率比较

可是，为什么工程机械行业没有完成服务消费升级呢？原因主要有以下几个方面：

（1）在增量市场时期，主机厂就喊出了"终身免费服务"，将服务送了出去。

（2）经销商只能选择"整机养服务"的经营模式，忽视了后市场的价值，当然也难以实现服务的消费升级。

（3）行业的服务仍然十分传统和低效。根据《2021 年工程机械行业白皮书》，72% 的服务技师从业超过 10 年，仅 9% 的人低于 5 年，工程机械的服务仍然是劳动密集型[5]。

（4）主机厂通过信用销售和价格战超卖了很多设备，导致设备开工率下降，设备租金下跌，终端用户收益减少，用户对配件价格更加敏感，给后市场带来巨大负面影响，也给服务消费升级增加了难度。

（5）多数服务商还在用传统的模式从事服务和配件业务，成本高、效率低、碎片化，缺少技术变革和新技术的应用（大数据、区块链、远程支持和自助服务等）。

中国装备制造业的服务型企业多数还停留在服务 1.0 阶段，即以产品为主，服务为辅，产品是利润中心，服务是成本中心，粗放的管理在增量市场时矛盾并不突出，毕竟汽车或工程机械设备的销量大，产品利润高，虽然服务不赚钱或配件库存积压，服务商仍能依靠整机（设备或汽车）销售赚钱，管理者并不关注后市场的收益。

在增量市场，企业主要通过并购、投广告费、价格战、低首付、补贴、烧钱、终身免费服务、配件赠送和延长质保期等人为干预手段来取得业绩的增长。但是进入存量市场以后，激烈的竞争导致汽车和工程机械设备销售毛利降低，原来的增长模式已难以持续，企业亟须通过优质服务和配件供应来留住老客户，发展服务后市场，凸显管理能力的重要性。

服务 2.0 阶段是服务的转型升级，为用户提供增值服务、定制服务、设计服务产品、提供解决方案、改善客户体验等。可惜，服务升级并未如期而至，增量思维让很多服务商依然重营销、轻服务，服务转型非常困难，有些服务商甚至认为后市场是个"伪命题"，正如管理大师彼得·德鲁克所说："动荡时代最大的危险不是动荡本身，而是仍然用过去的逻辑做事。"

2.3 服务后市场的销售和利润潜力模型

中国经济从增量市场进入存量市场，企业必须将工作重点从新客户向老客户转移，老客户在设备使用中衍生出一些新的需求，包括设备的定期保养、维修、配件供应、部件修复、设备大修、再制造、二手设备交易和租赁等，而服务后市场包括了维修服务和配件供应，常常是客户首先面临的需求，经营好后市场业务不仅有助于提升客户忠诚度，还能增加服务商的收益。

国际知名品牌沃尔沃建筑设备公司就十分重视服务后市场，对服务及配件与整机业务之间的关系进行了深入研究，建立了后市场的数学模型，来评估服务后市场的销售和利润潜力。

他们认为，设备生命周期的后市场需求与设备每年运行时间相关，每年运行时间越长，设备的生命周期越短。整个设备生命周期的服务后市场（配件、保养、维修及部件大修等）潜力与一台新设备的售价相当（图2-3）。一旦设备结束了第一个生命周期，还可以通过再制造延长到第二个生命周期。

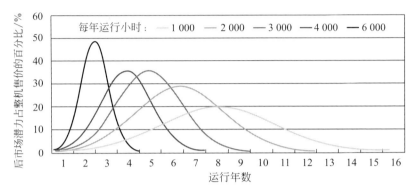

图2-3 工程机械设备服务后市场潜力评估模型示意图

服务后市场的需求潜力与设备和配件的品质及价格相关，总体趋势是两头低、中间高，呈现出正态分布，由于新设备的故障率低，设备老化以后客户又不愿花大价钱修理，中间阶段维修和配件的需求潜力相对更高。考虑到国产设备、配件和工时费的价格不同，以及不同类型设备服务和配件需求的差异，我们按照生命周期中服务后市场潜力为新设备售价的50%作为评估后市场潜力的参考值。

图2-4是近年来中国工程机械市场的销售额，根据10年生命周期的后市场潜力模型，可以评估出2010—2020年工程机械服务后市场的销售潜力，其最大潜力已超过2 700亿元（图2-5）。

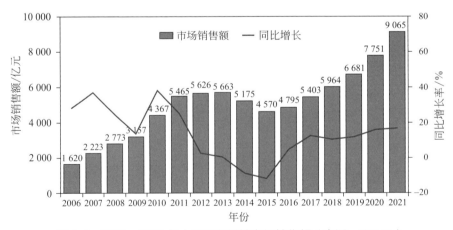

图2-4 2006—2021年中国工程机械市场销售额（来源：CCMA）

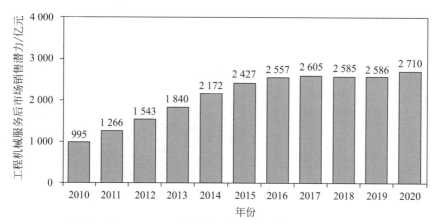

图 2-5   2010—2020 年中国工程机械服务后市场销售潜力

每个区域的服务商可以根据所在区域的设备保有量和平均运行时间计算出后市场潜力，从而评估服务商的后市场渗透率：

$$后市场渗透率 = \frac{服务商后市场营业额}{所在区域的后市场潜力} \times 100\% \qquad （2-1）$$

这样，就可以使用相同的标尺来衡量各服务商的后市场绩效。如果后市场渗透率在不断下滑，则说明该服务商的老客户和后市场业务正在流失，服务商必须立即采取行动。农机的后市场评估模型与此类似，只是比例有所不同。服务后市场的渗透率体现出服务商的运营能力和服务竞争力。

配件和服务的利润率通常是整机利润率的 3 倍。据此假设，我们可以测算出中国工程机械市场整机和后市场的利润潜力，通过比较发现了一个有趣的结果：2014—2020 年间，中国工程机械服务后市场的利润潜力已经超过了整机销售利润（图 2-6），但大多数企业并没有意识到这一点，仍然围绕着整机促销开展业务，把服务作为促销手段免费送给客户，错失了后市场转型的良机。

国际上成熟的工程机械品牌经销商的服务和配件后市场营收贡献率高达 60% 以上，而中国经销商的后市场渗透率普遍较低，80% 的服务收入依赖于质保期内的设备，保外服务收入仅占 20%，这与设备的后市场潜力曲线严重不符，原因是质保期后客户流失严重。所以，中国工程机械行业并不是没有后市场，只是后市场不在主机厂和经销商手里。

《今日工程机械》杂志"2022 年上半年中国工程机械代理商生存状况调查"报告

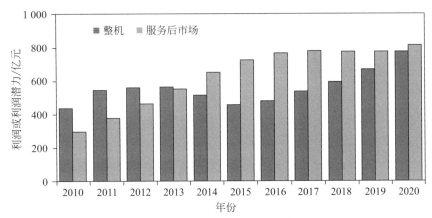

图 2-6   2010—2020 年中国工程机械利润潜力比较

显示，约 75% 的经销商经营出现了亏损，其中 25% 的经销商亏损严重！缺少后市场收益是中国经销商在整机市场低迷时亏损的主要原因，这足以证明服务后市场对于经销商可持续发展的重要性。

2.4 库存计划意味着服务商能力升级

配件业务看起来简单，低价买进，高价卖出，赚取差价，实际上并不像人们想象得那么容易，库存计划是配件业务的灵魂，其中的技术含量很高，配件库存能否满足客户的需求，配件业务能否赚钱，取决于库存计划的水平。多年以来，原厂件价格高，配件业务利润丰厚，高质量的国产替代件也很受欢迎，很多配件店老板虽然不懂库存计划，却赚到了钱。

随着配件市场竞争日趋激烈，配件利润也在不断下滑，如果库存计划做得不好，不仅无法满足客户需求，还会出现库存错配，库存转不动，当然就赚不到钱。缺货还会造成客户流失，服务商口碑下滑，造成恶性循环，库存呆滞更加严重。

市场上有很多针对生产企业供应链管理的书籍，而售后服务中配件库存计划难度更大，相关的书籍很少。如何做好配件需求预测，在此基础上做出科学的库存计划，提升配件供应的及时性，避免库存错配，是存量市场对服务型企业的新挑战。

7-Eleven 便利店的创始人铃木敏文曾说："订货是零售业的思想和命脉所在。"换句话说，库存计划是配件管理的灵魂，企业放进仓库里的配件能不能卖出去，多久可以卖出去，配件业务能否赚钱，客户是否满意，很大程度上取决于库存计划的水平。

服务商的库存计划尤其重要，因为制造商可以根据生产计划安排零部件和原材料的供应，服务商则只能从客户需求数据中寻找线索，分析、预测并确定库存计划，以便让正确的配件以正确的数量在正确的时间出现在正确的地点，更高效地将这些配件提供给客户，满足他们的需求，并为企业带来利润回报。

经过几十年的高速发展，中国汽车、工程机械和农机行业的经销商体系逐渐趋于完善，他们在用户与品牌商之间架起了一座桥梁，不仅帮助主机厂把产品及时交付到用户手中，还承担起了维修服务和配件供应等重要支持功能。

在很多情况下，服务及时性与配件现货率密不可分，服务商经常面临的挑战是，由于配件缺货导致维修无法及时完成，设备不得不停工等待配件，严重影响了客户满意度和品牌忠诚度。

因此，优秀的服务商十分重视配件现货率，即配件按时交付的比率，这个指标直接关系到客户满意度，很多服务商的管理层要求配件部门 100% 满足用户需求，无须在意配件库存的其他指标。在他们看来，增加库存就能保证客户满意度，做到客户需要什么配件，仓库里就有什么配件。

但是，通过增加库存来提升配件现货率，已经被无数企业证明是错误的做法，事倍功半。服务商凭经验做库存计划，就像是交战一方的卫兵，半夜听到军营外面有动静，就拼命地向声音方向射击，命中率可想而知。战争中士兵无须考虑子弹的成本，只要有一枪击中目标他就成功了。而库存计划则不同，库存成本很高，如果不考虑命中率（配件现货率），库存计划就是彻底的失败。

中国正经历数字化转型的关键时期，越来越多的企业通过对数据的分析和挖掘，科学地管理销售、服务和配件供应链流程，提升企业的竞争力。

拼多多和抖音等都在根据客户数据进行精准推送和营销，利用人工智能算法算出客户，算出需求，为客户画像，提升营销效率。工程机械设备上也安装了各种各样的传感器，定时把设备的运行数据传到云端，可是又有多少企业在使用这些数据呢？

很多服务商对设备的数据视而不见，大量的客户数据和需求数据也无人问津，在这些数据背后隐藏着客户的消费习惯和市场需求信息，能够帮助服务商更好地洞察并满足客户需求。凭经验做出来的库存总是比实际需求慢半拍，出现缺货马上增加库存，发现过剩时却为时已晚。计划赶不上变化，所有的短缺最终都以过剩收尾，而所有的过剩都是从短缺开始，造成越来越严重的库存错配。

在农机和工程机械经销商体系中，服务和配件的价值被严重低估，很少有经销商把服务和配件部门作为利润中心，服务人员的待遇也远远低于销售人员，导致服务能力严重不足，客户流失率居高不下，质保期结束之后，约80%的用户不再找经销商购买服务或配件。

如此高的客户流失率，迫使经销商不得不投入更多的营销费用来吸引新客户，争取更大的市场份额。由于失去了老客户复购的红利，经销商的利润不断下滑，风险不断攀升，生存和发展遇到困难，这让很多人感到困惑和迷茫。

未来的竞争是争夺优质客户资源的竞争。进入存量市场之后，无论是线上还是线下，已经没有多少新增的客户流量，而吸引新客户的"拉新"成本是留住老客户成本的5~25倍[6]，杰出的服务也是一种销售，因为花在服务方面的成本留住了老客户，降低了客户流失率，也意味着减少了在吸引新客户方面的投入，等于节省了开支。忠诚客户不仅会复购并增加钱包份额，还会为企业传播好口碑，并推荐熟人和朋友，降低了企业的"拉新"成本。

2.5 配件库存计划中的悖论和解悖

在配件库存计划中，人们常常面临两难的境地：增加库存来提升配件现货率，呆滞库存就可能增加；减少库存又可能导致配件现货率降低，造成客户不满和流失。解决这个矛盾的唯一办法就是放弃库存计划的经验模式，把库存计划做得更精准。

库存计划中常常会遇到一些悖论，就是貌似相互矛盾或直接对立的两种因素在同一概念或现象中同时存在。例如，没有人愿意把配件放进仓库里，那样既占用资金又存在风险；可是没有库存就无法保证服务的及时性，客户就会流失，企业也难以发展。这就是一种悖论。

从满足客户需求的方面考虑，配件库存越充足，客户满意度越高。但是配件存多了，又可能产生库存过剩，影响企业的经营效率和效益。这又是一种悖论，很多服务商对此感到困惑。

即使采用数理统计方法把库存计划做得更准确，有时也会遇到对立的情况：快速周转配件产生了大量需求数据，预测相对准确；慢速周转配件需求数据很少，预测准确性低。矛盾之处在于：呆滞库存主要来源于慢速周转配件，因为需求太少容易形成呆滞，同样由于预测准确率低，又很难做好计划。

库存计划是为了更好地满足客户需求并降低库存错配，可是数理统计方法似乎对容易出现错配的慢速周转配件无能为力（表 2-1）。要保证慢速周转配件的现货率，就必须加大安全库存。可是安全库存增加，呆滞风险也会上升，我们似乎又遇到了一个新的悖论。

表 2-1　配件需求预测的悖论

周转配件	需求数据量	预测精度	呆滞风险
快速周转配件	大	高	低
中速周转配件	中等	中等	中等
慢速周转配件	小	低	高

解悖就是通过思维的转换来消除悖论中的矛盾，或让矛盾变得不那么对立。例如，人们常常把库存周转率与配件现货率视为相互对立的一对矛盾。其实，我们可以用"二维拆解"的方法把库存周转率与配件现货率视为两个独立的维度，它们之间的关系就可能出现多种排列组合。

根据需求频率和配件单价把配件分类成九宫格（图 2-7），根据不同类型的配件采取不同的库存策略，通过两个不同维度的拆分与组合来化解库存计划的悖论。

图 2-7　库存策略组合的九宫格

例如，某经销商负责的区域有限，对于需求频率低于 1 次 / 年的高价值配件是否应该储存？

答案是不该存。这类配件应该由主机厂和供应商负责，经销商应该集中资金来存储需求频率高、单价较低的配件，才能更好地满足客户的需求。

假如主机厂有 50 家同等规模的经销商，上述低频需求库存对经销商来说存在较大的呆滞风险，但对于主机厂来说，配件每年的需求频率能达到 30 次以上，属于中速周转配件，甚至快速周转配件，几乎没有呆滞风险。

主机厂对产品应承担更大的责任，因此对那些成本高、需求频率低的配件也应保持适当的库存，或者与供应商建立合作伙伴关系，由供应商存储慢速周转或零周转配件，提升物流配送的效率，做好配件库存协同。这样，既能保证客户需求得到满足，又能避免产生呆滞风险。

服务商保证配件供应的及时性，就能提升客户的满意度，留住更多的老客户，创造更多的利润。但是，做好配件库存计划，把需要的配件存进仓库，避免存储不需要的配件，这听上去简单，做起来却非常困难。例如，服务商是否需要保证慢速周转配件的现货率？只有接受不常用配件可能缺货，才能保证常用配件有现货。

一台设备有成千上万种配件，如果每种配件都放库存，就会占用大量资金，而且每种配件应该放几件？即使我们仓库里放了 1 件库存，用户一次需要 2 件时，仍然无法满足需求。所以满足用户需求真的不像说起来那么容易。

很多服务商对配件库存计划缺乏认知，总是根据经验缺什么补什么，这会产生很大的呆滞风险。我们用下面的真实案例来说明。

【例 2-1】一位经验丰富的库存计划人员，每当有客户购买以前从未销售过的某种配件时，他就会采购 2 件，1 件卖给客户，另 1 件放进仓库，以便下次再有客户需要时能够提供现货。请问这种做法正确吗？

很多服务商都采取这种做法，这与 2 000 多年前古人的"守株待兔"如出一辙。配件库存是为了及时满足客户需求，是否应该放库存首先需要评估配件实现销售的概率。如果一年中只有 1 件需求，则平均每个月需要该配件的概率只有 1/12。如果之前两年这种配件从未销售过，说明该配件需求的概率更低。如此看来，那位经验丰富的库存计划人员采购 2 件的决策，正是造成库存上涨且呆滞增加的原因之一。

由此可见，仅仅依靠经验模式做库存计划并不靠谱，而且企业经营时间越长，仓库里的库存积压就越多，导致库存周转率下降，呆滞风险上升，缺货情况严重，很多服务商对此一筹莫展。

下面是路易斯·纽米勒于 1930 年出版的著作《卡特彼勒配件运营》中，"什么是配件服务"一章的节选内容：

好的配件服务就是销售的助燃剂。在经销商区域内，服务口碑会很快传开。配件服务好，就能促进整机销售，这是经销商可以主导的事情。

相反，糟糕的配件服务实际上为竞争对手打开了销售的大门，它给经销商销售上带来的影响可能超过了其他所有因素之和。我们的服务不同于那些制造娱乐产品或方便的生活用品，卡特彼勒的产品用于重工况的生产，它经常需要在严苛的环境下运行，以完成工作为用户创造利润。

因此，当卡特彼勒经销商收到一份配件订单时，他要给予的关注是其他行业所没有的。卡特彼勒意识到每销售一台机器，它所销售的可能就是一项业务。如果一台机器因缺少配件而停工，那也就意味着业务的停止，无法生产就无法盈利。所以，对这类机器进行服务必须引起所有相关服务部门的注意。

好的配件服务源于好的配件运营，而好的配件运营则需要一个认真负责、充分理解配件业务的人，一座管理有序、设施齐全的仓库，一份准确可靠的库存记录，一套完备的配件库存、合理的价格及简单、明确、方便的业务流程。

这些话写在约一个世纪以前，强调了配件库存对企业销售的重要性，其中甚至谈到了理解业务的配件计划人员和记录库存数据的重要性，至今仍然适用。

本书是为服务型企业配件库存计划人员所写，帮助他们理解配件库存的特点，介绍配件业务中的主要绩效指标，纠正库存计划中的认知误区，同时提出配件库存计划的模型、统计学方法和实施方案。

2.6　为什么要关注配件库存计划？

经销商的关注点主要聚焦在整机销售上，配件库存计划是一个长期被遗忘的角落，只有当客户投诉配件缺货时，库存才会被管理者想起来。

管理者每天忙忙碌碌，开营销会，做市场调研，开发新客户，却很少把目光投到配件仓库里，他们不明白：我为什么要关注配件库存？

大约 100 年前，美国有一位有名的银行抢劫犯——威利·萨顿，他在犯罪生涯中多次抢劫银行从未失手，抢劫的总金额高达 200 万美元，放到今天则超过了 1 亿美元！最后他还是被警察抓住了。警察问他："威利，你知道自己总有一天会被逮住，为什么不见好就收，还继续抢银行？"萨顿的回答很简单："因为那里有钱。"这句大实话让萨顿在美国家喻户晓。

服务商为什么要关注配件库存？因为那里有钱。仓库里的每个配件都是用真金白银买来的，库存的健康状况直接关系到服务商的资金健康和投资回报率。做好库存计划意义重大，配件库存放对了，就意味着利润回报、资金周转和客户满意；如果配件库存放错了，就等同于呆滞损失、资金占用和客户不满。没有人希望得到后面的结果，因此每家配件企业都需要库存计划的专家。

在主机厂、经销商和配件店的仓库里，普遍存在着严重的库存错配：仓库里存放着大量的过剩库存和呆滞库存，造成了资金、场地和人员的浪费，蚕食了企业的利润；与此同时，客户需要的配件又常常因为缺货而失去商业机会，造成订单损失和客户流失。激烈的市场竞争导致配件毛利不断降低，配件业务已经不再是简单的"低买高卖"，快速周转才是成功的秘诀，库存计划才是经营的关键。

IHL 集团的一项研究显示，让货品出现在需要的地方仍然是一个世界级难题。截至 2015 年第一季度，超过 630 亿美元的销售损失是由于缺货造成的，而库存过剩造成的损失则超过 470 亿美元。近三年暴发的新冠疫情给全球供应链带来了巨大的挑战，导致库存错配的损失大幅增加。

受新冠疫情影响，全球很多产业的供应链变得无比脆弱，特别是芯片，缺货情况日趋严峻，全球供应商的交货期都无法保证，船期准点率大幅下降（图 2-8），运输成本也大幅增加，有人甚至认为新冠疫情和苏伊士运河船只搁浅封堵的"黑天鹅事件"将加速全球供应链转型，企业将从及时生产（just in time，JIT）供应链模式转向以防万一（just in case，JIC）供应链模式，库存量将大幅提高。

根据 IHL 集团的报告，受新冠疫情影响，全球零售业库存错配问题日趋严重，2022 年缺货损失和库存过剩损失高达 1.993 万亿美元（图 2-9），这个体量相当于世界第九大经济体，与意大利的 GDP 相当，其中缺货损失为 1.235 万亿美元，库存过剩损失为 7 583 亿美元，与 2020 年相比进一步恶化。

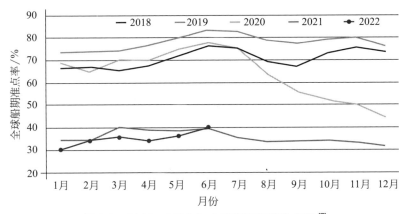

图 2-8　2018—2022 年全球海运船期准点率 [7]

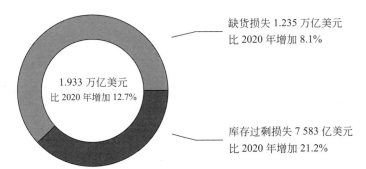

图 2-9　2022 年全球零售业缺货和库存过剩损失金额 [7]

2020—2022 年，新冠疫情让亚洲人减少了旅行和娱乐的支出，购物消费的支出却增长了 35.9%。与此同时，零售业的库存错配也增加了 42.6%，其中，中国受疫情的影响最大，库存错配也最严重 [7]。

缺货和库存过剩都会造成巨大的经济损失，所以避免库存错配意义重大，考虑到疫情对全球供应链的巨大影响，库存计划就显得尤为重要，计划做得好，企业就可以减少很多不必要的损失。

IHL 集团的报告还指出，高达 1.993 万亿美元的库存错配损失，有大约 9 887 亿美元可以通过有效的培训、流程和系统加以控制，其中改善库存计划可能产生的效果高达 3 320 亿美元，可见计划工作的重要性。其他改善措施还包括：员工培训、内部流程、供应链、内部数据和系统等 [7]。

为了减少疫情造成的供应链影响和缺货损失，很多企业通过增加库存来对冲供应链不确定性所带来的风险。2022 年第一季度美国零售商的商品库存量比一年前同期增长超过 30%（图 2-10），可多数消费者仍然感觉缺货情况比以前更严重，这说明在零售和服务行业，增加库存并非解决供应链问题的良药。

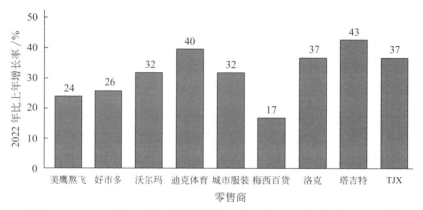

图 2-10　2022 年第一季度美国零售商库存量比一年前同期大幅增加 [8]

以全球最大的零售商沃尔玛为例，2022 年第一季度的库存量比一年前增加了 32%，库存金额超过 612 亿美元。尽管如此，仍然出现了不少缺货情况，导致其营运收入在第一季度下降了 23%，第二季度下降了 7%。

市场需求瞬息万变，特别是工程机械行业正在经历从石化燃料向新能源的转型，需求量最大的柴油机配件将逐步退出历史舞台，盲目增加库存就意味着增加呆滞风险，是不可取的做法。

2.7　库存计划的重要性被严重低估

配件业务主要有两个功能：① 满足客户需求；② 增加企业收益。服务商普遍更重视配件的服务功能，忽视了其利润的贡献，很多服务商的管理层把配件部门看作成本中心，不要求他们赚钱，只要求最大限度地满足客户需求，但结果往往事与愿违。

很多服务商对配件库存计划人员的职能存在偏见，把他们看作仓库保管员，常常安排细心的外行来担任，或由服务工程师兼职做计划，把库存的命运交给兼职人员，库存错配问题当然更加严重。

要做好需求预测，库存计划人员就必须学习数理统计知识，对配件需求的历史数据进行分析，计算出每种配件需求的平均值和标准差，运用概率论的方法确定仓库里放置多少配件更合理，计算并比较缺货和过剩的概率，从而做出理性的选择。

我们正处在大数据的时代，从前那种粗放式的管理早已落伍，服务商必须与时俱进，通过对配件的出入库数据进行统计和分析，做好配件需求预测和库存计划。

库存是多余的，要尽量避免库存浪费，这是丰田公司提出的一种先进管理理念。服务型企业需要保留必要的配件库存来换取服务的及时性，为客户节省时间，没有库存将会牺牲客户满意度，导致客户流失，对品牌和口碑也会产生负面影响。

实际上，及时生产（JIT）系统的管理思想并不意味着库存绝对为零，"零"是一个相对概念，意味着要消除一切不必要的库存和存储时间，不多存，不早存，物料到达流水线当天就被用于产品装配，在工厂里停留的时间最短。售后服务中的"零库存"则意味着配件存储时间尽可能短，配件库存水位尽可能低，库存周转尽可能快，消除不必要的无效库存。

库存占用资金、人力和空间，还有贬值的风险，是企业的"死钱"。只有库存快速周转起来，"死钱"才能变成"活钱"，"固定资产"才能变成"流动资产"，才能为企业和客户创造价值。所以，"零库存"理念要求我们实施精细化管理，根据配件现货率目标、需求预测和补货周期，精准地计算出每一种配件的健康库存水位，避免不必要的库存，从而实现更高的库存周转速率和运营效率。

科学的库存计划就是对每一种配件寻找缺货与过剩之间的最佳平衡点（图 2-11），既能满足客户需求，又能为企业创造经济效益，片面追求某一方面都可能导致库存错配。

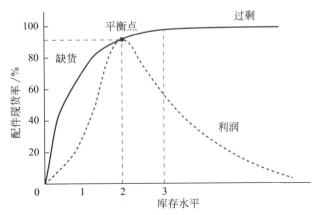

图 2-11　在缺货与过剩之间寻找最佳平衡点

假如计算出来的最佳平衡点是 2 件库存，而仓库里有 3 件，则其中 1 件就是不必要的过剩库存。消除过剩库存，才能实现更高的运营效率。"零库存"的管理思想就是指不该存的配件绝对不存，能晚存的配件决不早存，才能提高库存效率。

"要什么，有什么"的库存策略是十分危险的，片面追求 100% 配件现货率和客户满意度，必然会产生大量无效库存，降低库存效率，最终反而无法满足客户需求。同样，片面追求高投资回报率很可能造成严重缺货，导致客户流失。服务商必须在配件现货率和库存周转率之间寻找最佳平衡，避免库存错配，才能实现客户满意度和投资回报率之间的平衡。

认知误区	配件库存越充足，实现销售的机会就越大，客户满意度也越高。
重新定义	库存本质上是一种资源浪费，保留库存的目的是为客户节省时间。库存计划是在缺货与过剩之间寻找最佳平衡点，从而避免库存错配。

第 **3** 章

配件业务的关键绩效指标

不要盲目相信任何人，
即便是你自己也不例外。

——司汤达

传统的营销模式是产品运营，重销售，轻服务，把服务和配件作为产品营销的辅助工具。很多企业看不到服务的价值，一些主机厂甚至喊出了"终身免费服务"的口号，把服务免费送出去，期待以此赢得更多的客户。这种做法的后果，不但没有赢得更多的用户，而且破坏了服务后市场的生态圈，导致服务人员地位很低，从事维修服务的人员很难赚到钱，不少人转行去做销售。服务商的后市场收益不足，已经威胁到了他们在存量市场的生存与发展。调查数据显示，2022 年上半年中国工程机械行业约 75% 经销商都出现了亏损！

如何评估服务商的后市场和配件业务？服务商如何发现自身的不足？人们永远无法改善自己不了解的业务，没有测量，就无法管理。不要盲目相信经验，甚至不要相信你自己，一位经验丰富的服务工程师并不等于一位优秀的库存计划人员，除非他学习库存管理知识，把自己变成这方面的专家。要做到这一点，首先需要理解配件业务的关键绩效指标（key performance indicators，KPIs）。

本章所涉及的配件业务 KPIs 都与客户需求及痛点紧密相关，或者直接关系到服务商的健康发展，这体现了从产品运营到客户运营的模式转变，一切围绕着客户需求，帮助客户用好产品，赚到钱，才能让企业的客户资产不断升值，企业的价值才能提升。

3.1 后市场吸收率

发达国家成熟市场的经验显示，随着行业从增量市场进入存量市场，产品利润会越来越薄，考虑到产品销量的波动起伏，经销商必须围绕着巨大的设备保有量提供服务，从产品运营转变为客户运营，发展服务后市场。仅仅依赖销售新产品，在市场低迷时就难以生存。

为此，经销商必须提升后市场的盈利能力，这种能力被定义为后市场吸收率（absorption rate），就是服务后市场收益与经销商的运营成本和银行利息的比率，即

$$后市场吸收率 = \frac{经销商的服务收入 + 配件利润}{经销商的运营成本 + 银行利息} \times 100\% \tag{3-1}$$

后市场吸收率体现了经销商运营的健康状况。后市场吸收率越高，经销商对新产品销售的依赖度越低，经营越健康；当吸收率超过 100% 时，经销商就能够依靠后市场的收益确保企业的正常运营，即使整机市场大幅下滑也不需要通过裁员来自救，因为后市场的收益就可以养活企业，这正是经销商成熟度的重要指标。

国际上优秀的工程机械设备经销商，其服务和配件后市场收入占整个公司营业额 60% 以上，而后市场吸收率接近甚至超过 100%，这就确保了他们历经几代人，在各种市场环境下仍能健康发展。

中国经销商的历史还不长，后市场吸收率普遍较低，"免费服务"的口号更是让后市场雪上加霜。在参加 2021 年度中国工程机械服务 50 强调查的 171 家规模较大的经销商中，后市场吸收率平均值为 35%，如果考虑到全国经销商的普遍水平，后市场吸收率约为 20%。

国外经销商 80% 的后市场收益来自保外收入，而中国经销商 80% 来自保内收入，原因是大量保外客户流失。中外经销商在后市场的差距十分明显，中国企业亟须迎头赶上。笔者发现，在整机市场低迷时仍然能够保持盈利的经销商，后市场吸收率普遍都比较高。

3.2 配件现货率

配件现货率（service level，SL）也被称为配件有货率或服务水平，英文还可以表达为 parts availability、fill rate、OTC（over the counter）availability 等，用来衡量库存与需求之间的匹配度，即当客户需要一批配件时，服务商能够提供现货的比例有多高。

现货率是非常重要的配件运营指标，配件现货率越高，客户满意度越高，缺货就可能影响设备的修复时间，所以配件现货率也被称为客户满意度的第一要素。配件有现货，服务商更容易实现配件销售。一旦缺货，客户就可能去找其他企业购买，价格也许还更便宜，所以，缺货几乎意味着订单流失甚至客户流失。

IHL 集团与工具集团（ToolsGroup）联合做了一次客户调查，他们发现：80% 的美国家庭是亚马逊 Prime 会员，他们经常到亚马逊实体店购物，促销和折扣会诱使他们冲动消费，通常比非会员消费高 30%~71%，但前提条件是有现货。

不幸的是，55% 的亚马逊 Prime 会员经历过缺货的情况。遇到缺货时，73% 的会员会拿起电话找亚马逊的竞争对手购买，更糟糕的是，在经历过 2~3 次缺货之后，亚马逊会员就不会再来这家实体店购物了。结果，实体店就失去了会员冲动消费的那部分营业额[9]。

由此可见，现货率对于消费者来说有多么重要。

配件现货率是根据客户需要的每一行配件完全满足来统计的（表 3-1）。

【例 3-1】某客户的配件采购需求和服务商库存数据对比见表 3-1，其中只有第 1 行配件能够完全满足，所以该订单的配件现货率仅为 20%。

表 3-1　配件现货率统计

行序	配件名称	订购数量 / 件	可用库存数量 / 件	现货状况
1	机滤	5	10	满足
2	柴滤	10	5	不满足
3	回转马达	1	0	不满足
4	曲轴油封	2	1	不满足
5	油缸密封圈	4	3	不满足

配件现货率的计算公式为

$$配件现货率 = \frac{当天能发货的实际行数之和}{配件订单的行数总和} \times 100\% \qquad (3\text{-}2)$$

配件现货率是配件库存管理中最重要的指标之一。

一般企业的配件现货率为 85%~95%，杰出的企业能够达到 98%~99%。服务商的配件现货率应当不低于 85%，主机厂中心库的配件现货率应当高于 93%，现货率太低会影响客户满意度，太高又可能占用更多的资金，所以需要平衡。

3.3　库存周转率

库存周转率（inventory turns）用来衡量企业配件业务的经营效率，它回答了一个重要问题："配件库存一年能周转几次？"库存周转率越高，配件的盈利能力越强。

库存周转率的计算公式为

$$库存周转率 = \frac{12 个月累计配件销售成本（COGS）}{12 个月配件平均库存成本} \tag{3-3}$$

配件销售成本（cost of goods sold，COGS）也是配件出库成本，用滚动累加计算方式，采用本月及之前 11 个月的销售成本之和，除以本月及之前 11 个月的平均库存成本，即为当月的库存周转率。

要提高库存周转率，一方面要增加配件销量，另一方面要降低库存成本，特别是要减少无效库存，挤出库存中的"水分"。库存周转率越高，资金的周转速度越快，投资回报率越高。

另外一种评估库存周转效率的方法是库存周转天数，这种方法回答了一个问题："配件库存平均多久能够卖掉？"如果时间太久，说明库存流动性差，呆滞风险高，盈利能力弱。

库存周转天数的计算公式为

$$库存周转天数 = \frac{12 个月配件平均库存成本}{12 个月累计配件销售成本（COGS）} \times 365 = \frac{365}{库存周转率} \tag{3-4}$$

假如库存周转率为 4 次 / 年，库存周转天数就是 91 天，即配件库存平均 91 天能够卖掉。时间越短，库存周转的效率越高。

【例 3-2】苹果公司和三星公司的库存与销售金额对比见表 3-2，可以看出苹果公司的库存周转效率是三星公司的 8 倍。

表 3-2　苹果公司与三星公司的库存及销售额对比

项目	苹果公司	三星公司
平均库存成本 / 亿美元	50	290
年销售成本 / 亿美元	2 000	1 440
库存周转天数 / 天	9	73

有人说"转就是赚"，说明周转率是库存运营最重要的效率指标，如果库存周转率下降，服务商就必须分析原因，是市场变化造成销量减少，还是无效库存增加导致效率下滑？库存周转率下降是一个不好的信号，说明配件盈利能力在降低，服务商必须立即采取措施加以改善。

如果服务商的库存周转率是 4 次 / 年，做 4 000 万元的配件生意（按出库成本计）就需要 1 000 万元资金。如果库存周转率降到 2 次 / 年，则需要 2 000 万元资金，投资收益率完全不同。库存每周转一次就会创造出一次毛利，库存周转率 4 次 / 年的投资回报率比库存周转率 2 次 / 年高 1 倍。

为什么有些企业越做越大，很多小企业却永远做不大？决定生意能做多大的是钱的周转速度，决定生意能否赚钱的也是钱的周转速度，决定生意是否安全的还是钱的周转速度，运营效率高，企业才能做大。表 3-2 反映了苹果公司的运营水平，所以他们成为世界上市值最高的公司并不奇怪。

服务商必须在客户满意度和投资回报率之间寻找最佳平衡。如果仓库里只存储快速周转配件，虽然库存周转率很高，却无法保证服务的及时性。

服务商的库存周转率应保持在 4~6 次 / 年，太高可能影响配件现货率，太低又会影响服务商的配件收益，在保证现货率的前提下，库存周转率越高越好。配件现货率与库存周转率是与客户和股东利益直接相关的两个重要指标，也是配件库存计划中需要重点关注和平衡的运营指标。

3.4　库存订单比率

服务商从主机厂或供应商采购配件时，通常分为库存订单和紧急订单，紧急订单采购的是客户急需（通常设备已因故障停机）、服务商又缺货的配件，必须以最快的速度把配件运到客户手里。紧急订单的目的地是客户或维修车间，而库存订单的目的地是仓库，采购时还没有客户需求，服务商必须根据需求预测做库存计划，以便保证配件现货率和客户满意度。

一般来讲，库存订单的折扣更高，而紧急订单的折扣较低，运费更高。主机厂和供应商都希望服务商多采购库存订单，一方面有充足的时间备货，另一方面也鼓励服务商做好需求预测和库存计划，提升客户满意度。

为此，很多主机厂和供应商会统计服务商的库存订单比率（stock order ratio）：

$$库存订单比率 = \frac{配件库存订单的行数之和}{配件订单行数总和} \times 100\% \qquad (3\text{-}5)$$

库存订单比率反映出服务商的配件库存计划水平，库存订单比率越高，配件运费越低，订单折扣越大，通常服务商配件现货率也会更高，库存计划做得更好。如果服务商库存计划做得不好，就会导致紧急订单比率上升，增加运费和缺货情况。

同样，统计紧急订单比率也能够评估服务商的库存计划能力，紧急订单比率高的服务商往往库存计划能力比较差。

3.5 健康库存比率

健康库存比率（healthy stock ratio）用来评估配件库存的有效利用率，其计算公式为

$$健康库存比率 = \frac{配件库存中的健康库存成本}{配件可用库存总成本} \times 100\% \qquad （3-6）$$

其中可用库存也称可支配库存：

$$可用库存 = 当前库存 + 在途库存 - 缺件数量 - 已分配数量 \qquad （3-7）$$

在途库存是指已经下了订单、还未到货的库存，缺件数量是指客户订货量超出当前库存量的差额，已分配数量则是指客户已经订购、尚未发货的配件数量。

健康库存又被称为有效库存，其比率越高，库存投资的回报率越高，而过剩库存和呆滞库存则属于无效库存，不仅会降低库存周转率，还会带来库存风险。

一些服务商配件库存积压严重，导致健康库存比率很低，有些服务商的健康库存比率甚至低于 10%，这说明仓库中只有不到 10% 的配件库存在创造价值，浪费非常严重。

要想提升库存周转率，就必须降低库存错配，减少无效库存，提升健康库存的比率。本书将在第 8 章给出健康库存和无效库存的定义。

3.6 库存动销率

库存动销率（sales coverage ratio）是评估库存计划效率的一个指标，衡量配件库存计划的准确度，即在 1 年内有销售（出库）的配件品类 SKU 占比，库存动销率的

计算公式为

$$库存动销率 = \frac{1\,年中配件出库品类\,SKU\,数量}{配件库存品类\,SKU\,总数} \times 100\% \qquad (3\text{-}8)$$

很多服务商根据经验做库存计划，哪个配件没有库存都会担心缺货，似乎每种配件都该存一点。结果一年下来，库存动销率不到 30%，即只有不到 30% 的配件品类实现过销售，说明库存计划的准确度很低，超过 70% 的配件品类不该放库存，因而面临呆滞风险。

3.7 库存回报率

库存回报率（gross margin return on inventory，GMROI）的计算公式为

$$库存回报率 = \frac{12\,个月的配件毛利总和}{12\,个月的平均库存成本} \qquad (3\text{-}9)$$

假如 GMROI = 0.5，意味着每投入 1 元的配件库存，就能赚到 0.5 元，这显示出库存投资的回报率。一般零售业的 GMROI 应不低于 1.5，如果太低，股东就失去了投资的积极性。

比较两家服务商的 GMROI，就能看出他们运营水平的差距。

以上是配件库存管理中常用的绩效指标，通过监测和分析这些指标可以发现服务商配件业务中存在的问题，以便采取有效措施加以改善。无论如何，改善绩效指标都会涉及库存计划的能力，即库存计划人员能否胜任自己的工作，满足客户需求。

【例 3-3】国际运动品牌露露乐蒙（lululemon）这些年业绩增长迅速，但平均库存周转天数也在一路飙升，从 2011 年的 58.5 天增加到 2021 年的 111 天（图 3-1），暴露出库存风险。

为了保证销售业绩的增长，库存常常也会大幅上升，如果不能控制好库存，不仅影响企业的收益和库存回报率，还可能增加库存风险。

幸好，露露乐蒙公司及时控制住了库存增长，将库存周转率稳定在 3 次 / 年以上，GMROI 保持在 4 以上，即每投入 1 元库存，就能赚到 4 元的回报，见图 3-2。

图 3-1　2011—2021 年露露乐蒙的营业额和库存周转天数

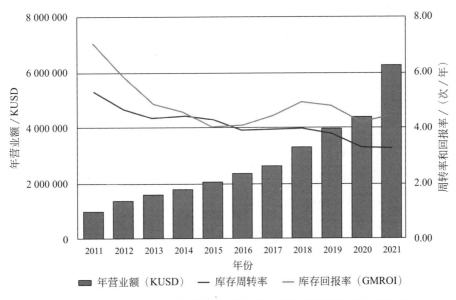

图 3-2　2011—2021 年露露乐蒙的营业额、库存周转率和库存回报率

　　相比之下，中国男士服装品牌海澜之家的库存高达 82 亿元，债务超过 100 亿元，令人担忧。一些企业在追求销量增长的同时，往往无法控制库存，原因是他们认为增量市场库存增加是难免的。海澜之家的教训告诉我们，企业应该随时监控经营的健康指标，关注库存周转率和库存回报率，发现问题及时做出调整，避免陷入恶性循环。

在配件库存管理中，服务商必须选择那些对配件业务更重要的指标进行监测与考核，但企业需要获取准确的数据，所以数字化转型是实施库存计划的基础。不要考核那些无法测量的指标，那只会让一线员工为了绩效和奖金对数据造假。

根据笔者的经验，很多企业的配件 KPIs 都是不准确的，一方面是数据统计不准，没有人知道在哪里能获取准确的数据，凡是看不到源数据的 KPIs 都是不可靠的，数据很可能被有意或无意地篡改了；另一方面，当绩效指标与员工的奖金挂钩时，配件 KPIs 的测量和评估一定要由其他部门（如财务部）完成，否则就毫无意义。

统计数据可能会撒谎。如果一位客户打电话订购 10 种配件，业务员发现其中有 5 种配件缺货，就建议客户先订购有货的配件，缺货配件等到货后再下单，通过把 1 个订单分成 2 个订单，将配件现货率从 50% 提升到 100%。如果客户只订了 5 种有现货的配件，另外 5 种缺货配件找其他企业购买，那位业务员一定不会主动统计这些缺货配件，那会降低现货率并影响他的绩效奖金。

企业为了节省人力，常常安排配件部自行盘点仓库，结果很难发现问题。一方面人们很难发现自己的错误，另一方面，即使发现也没有人愿意记录下来，况且这还会影响到绩效和奖金。一些服务商紧急订单比率很高，说明缺货严重，可是统计出来的配件现货率却很高，这显然是不真实的，因为紧急订单采购的都是缺货的配件。

有些服务商为了节省紧急订单的运费，拿到更好的配件折扣，在客户设备停机而且配件缺货时，仍然采购库存订单，以免影响自己的绩效指标，却损害了客户利益。

在上述情况中，绩效指标考核就起到了反作用。因此，通过系统获得真实、准确的数据，才能帮助服务商不断提升服务水平。如果不能从系统中获取真实的数据，绩效指标考核就毫无意义。

英国作家萧伯纳说过："在我认识的人当中，最聪明的人是我的裁缝，他每次见到我都会为我重新量尺寸，而其他人却总是用老眼光看我，并期待他们的老眼光依然准确。"服务商应该学习裁缝的务实精神，随时监测配件业务的绩效指标，发现问题并加以改进。服务商也要学习裁缝的创新意识，不墨守成规，总是根据市场的变化与时俱进。

认知误区	服务和配件只是销售产品的辅助工具，只要满足客户需求，服务和配件部门就算完成了任务。
重新定义	服务和配件不仅能提升客户体验，增加客户黏度，还关系到服务商的可持续发展，配件经营的绩效指标必须用数据说话。

第 **4** 章

树立正确的库存计划理念

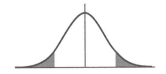

增加库存不一定能提升配件现货率，
相反还可能降低现货率。

家服务商的配件库存如果出现下面几种现象之一，就说明其库存计划存在严重问题，亟须改善：

（1）慢周转库存比例越来越高，库存周转越来越慢。

（2）配件库存受到淘汰产品和库龄过长的困扰。

（3）每次补货时，都需要花费很长时间手工做预测和采购计划。

（4）库管的主要时间和精力都花在找货、调货、催货和协调上。

（5）积压库存的促销已经很难奏效。

你公司的配件库存存在这些现象吗？

4.1 存储配件库存的目的

在第 3 章我们介绍了一些配件业务和库存管理的关键绩效指标，服务商可以根据自己的经营策略，选择需要监测的指标，从而避免库存错配。做好库存计划是管理好配件的基础，首先需要对配件库存有正确的认识。

有人说，既然库存本身就是一种浪费，提前把配件存进仓库，等待有朝一日客户前来购买，是一种"守株待兔"的供应链模式，那为什么还需要配件库存呢？配件库存的目的是为客户节省时间，提升服务的及时性，赢得客户口碑。

服务商的配件库存主要是保障服务的及时性，库存缩短了交货期，没有库存就留不住老客户，因此有人说："库存是人类社会最伟大的发明之一。"对于服务型企业来说，这句话一点儿也不夸张。

配件库存能够起到缓冲作用，降低需求波动的影响，通过设置安全库存来避免缺货，增加采购频率来降低库存风险。当客户的产品出现故障亟须维修时，一旦配件缺货，就不得不停工等待，服务商就可能失去销售机会和配件利润，还要承担客户抱怨、口碑损失，甚至是客户流失的风险。

与生产型企业不同，服务型企业无法根据确定的需求准备配件库存，服务过程是基于客户需求的快速响应，有配件才能保证服务的及时性。因此，必须事先准备适当的配件库存，库存计划就显得尤其重要。

服务型企业无法做到零库存，也无法实现 100% 配件现货率。然而，根据需求的历史数据做好库存计划，优化配件库存，实现更高的经营效率是可以实现的。

4.2 库存持有成本

服务商采购配件存入仓库，卖给客户后能够获得利润，可是在配件卖出之前，库存占用着资金和空间，会产生库存持有成本（inventory carrying costs）。

配件的库存持有成本是持有库存而产生的隐性成本，常常被服务商所忽视，其中主要包括：

（1）配件库存的财务成本（配件库存的资金成本，如利息）。

（2）配件库存的保险费用。

（3）仓储成本（仓库租金）。

（4）库存盘点和人工成本。

（5）库存损坏、盗窃和差异损失。

（6）库存贬值和报废。

（7）管理系统软件折旧等。

（8）机会成本（如果资金变成库存，就失去了其他投资机会）。

存储时间越长，库存金额越大，持有成本也越高。机械行业国际公认的库存持有成本按每年 25% 计算（图 4-1），高科技行业的产品贬值更快，库存持有成本通常在 35% 以上。

企业有两大死亡风险：一个是应收账款，另一个就是库存。库存占用资金，是企业的成本，如果库存不能快速周转变现，就可能由于积压造成资金链断裂。

无数企业的倒闭都是因为资金链断裂，而不是利润薄。通常服务商都十分重视应收账款，却容易忽视库存风险，应收账款就是放在客户那里的库存，也许因为库存放在自己公司里才如此放心吧！其实，库存积压是一种慢性失血，库存越来越多，周转越来越慢，直到有一天资金周转不灵时，为时已晚。很多服务商经营时间越久，库存中呆滞的比例就越高，而呆滞库存的风险并不比应收账款低。

有些服务商的配件销量不断增长，可库存也在增加，甚至超过了配件销售的增速。

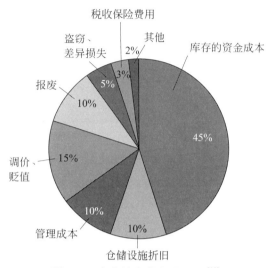

图 4-1　库存持有成本的构成 [10]

当期末库存超过期初库存时，即采购的入库金额超过销售的出库金额，库存就会增加，就像人体摄入的热量高于其消耗的热量时，人就会长胖。如果库存增加的速度超过配件销售的增长速度，库存周转率就会降低，说明配件的经营效率正在下降，无效库存比率增加，呆滞风险也在上升。呆滞库存贬值和报废的风险更大，其库存持有成本也会增加。

【例 4-1】某服务商的配件经营数据展示在图 4-2 中，从 2015 年到 2021 年，配件销量从 4 000 万元增加到 7 200 万元，但在此期间，配件库存成本也从 1 000 万元增加到 3 000 万元，结果导致库存周转率从 4 次 / 年下降到 2.4 次 / 年。

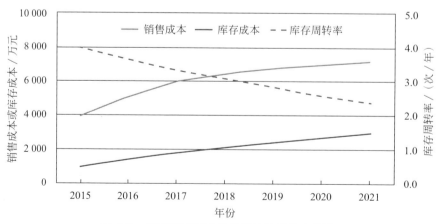

图 4-2　库存增速超过销售增速导致效率下降

在增量市场很多企业为销量的增长感到欣喜，努力创造一切有利条件来保证客户满意度，以便获得更大的增长，结果往往忽视了库存增加所带来的潜在风险，很容易落入库存错配的陷阱。

因此，即使在配件销售的上升期，服务商也必须严防库存"与时俱进"，在任何情况下，库存的增速都不得超过配件销售的增速，否则运营效率就会下降，迟早有一天会掉入亏损区。

很多服务商的配件库存积压多年，可是在财务上并没有做过坏账计提，表面上看似乎没有产生任何损失，实际上只是服务商缺少库存持有成本的意识。

【例 4-2】某服务商的平均配件库存成本为 1 000 万元，按照 25% 计算，一年的库存持有成本就是 250 万元，相当于配件库存每月贬值 20.8 万元，每周贬值 4.8 万元，每天贬值 6 849 元。如果配件销售每天获得的收益低于 6 849 元，配件业务就会亏损。

有了库存持有成本的概念，服务商就会对配件库存树立危机意识，努力让库存转得更快，让积压变得更少。

由于市场需求变化、产品改型升级、配件老化损坏等，每年难免会产生一些呆滞库存。服务商必须把呆滞损失降到最低，并及时通过打折、促销等方式降低呆滞库存及其损失。否则，呆滞库存会继续占用仓库空间，还需要定期盘点，久而久之服务商不得不租用新的仓库，增加仓储成本。

库存持有成本可以量化到单位配件的库存持有成本上，其计算公式为

$$单位库存持有成本 = \frac{库存持有成本}{库存周转率} \qquad (4\text{-}1)$$

我们用下面这个例题来说明单位库存持有成本的含义。

【例 4-3】假如 A 和 B 两家服务商经营同样的配件，库存持有成本均为 25%，但 A 服务商的库存周转率为 5 次 / 年，B 服务商的库存周转率为 10 次 / 年。这样，A 服务商的单位库存持有成本就是 25%/5＝5%，而 B 服务商的单位库存持有成本只有 2.5%。

假如配件的单位销售毛利是 100 元，则 A 服务商的纯利就是 100－100×5%＝95 元，B 服务商的纯利就是 97.5 元，每个配件多赚 2.5 元。

同样，该配件的单位销售毛利是 100 元，A 服务商每年库存周转 5 次，一共赚了 500 元，而 B 服务商却赚了 1 000 元。无论从单位库存收益，还是单位库存持有成本上，库存周转率都是越高越好。

4.3 缺货成本

库存增加了企业的成本，是吞噬企业利润的黑洞，所以很多服务商不喜欢库存。但是，没有库存就留不住老客户，会产生缺货成本（stock-out costs）。这是一种隐性的机会成本，并不会反映在企业的财务报表上，是由于缺货而错失的商业机会，不仅损失了配件收入和利润，还可能失去回头客，客户流失率就是缺货成本的直接反映。

中国市场经历过产品主权时代和渠道主权时代，那时候拿到代理权就意味着客户流量和利润保障。现在，市场已经进入了客户主权时代，交易规则发生了改变，由"人找货"变成了"货找人"，客户的话语权提升，倒逼服务商提升服务能力和客户体验，否则客户就可能流失。

在客户主权时代，多数客户并没有耐心等待配件，一旦缺货，服务商就可能失去销售机会，因为客户可以从其他企业找到替代品（如副厂件或 OEM 件）。如果替代件能够满足需求，服务商的损失就不仅是订单和利润，还可能永远失去这位客户。

即使客户愿意等待，服务商也不得不承担额外的加急运费，把配件尽快送到客户手中，不仅成本增加，还会影响客户体验。很多服务商并未认识到配件现货率的重要性，因而导致客户流失率高居不下，这些都是隐性的缺货成本。

4.4 库存的边际效益和边际成本

服务商从供应商（或主机厂）采购配件作为库存，然后再卖给用户，满足客户需求并赚取配件利润。这种商业模式看似简单，低买高卖，赚取差价，似乎只要售价高于成本就能赚钱。

可为什么很多服务商赚不到钱呢？表面上公司是盈利的，可账面上自由现金流总是紧张，问题到底出在哪里呢？

服务商与供应商之间的交易存在库存风险，对于供应商来说，生产多少配件有很大的不确定性。如果生产少了，就会错失商业机会；如果生产多了，又会造成库存积压，产生呆滞风险。

为此，供应商授权一些服务商来经销配件，因为服务商更了解当地市场和客户，让他们买断库存风险，作为交换获得差价的空间，赚取利润。实际上，服务商的商业模式是与供应商交易库存风险，用库存风险博取机会差价。

如果放对了库存，配件售出就能为服务商带来利润回报，产生边际效益。库存周转越快，边际效益越高。如果放错了库存，存储的配件客户不需要，边际成本（库存持有成本或库存贬值损失）就会随着时间增加，产生呆滞风险。

不幸的是，很多服务商既不知道如何预测市场需求，也不懂得怎么做库存计划。计划做得不准，库存的边际成本就会上升，库存周转率下降，最终导致边际效益降低。

很多服务商的管理粗放，只是凭经验做库存计划，以前市场需求量大，配件毛利高，计划不准仍能赚钱；随着配件市场竞争越来越激烈，毛利率不断下滑，为了吸引客户，服务商都在追求更高的配件现货率。可是，库存的边际效益却在不断下降，如果库存错配导致边际成本持续上升，"低买高卖"的配件业务也可能无法盈利。

当库存的边际效益大于边际成本时，配件业务就能盈利，库存周转得越快利润越高。如果呆滞库存增加，库存周转缓慢，当库存的边际效益小于边际成本时，配件业务就会亏损。

因此，库存有风险，把配件存进仓库之前，需要做好周密的计划，评估这些配件实现销售的机会和产生呆滞的风险，用数理统计的方法确定库存量，不仅满足客户需求，还能避免呆滞风险，这正是库存计划的意义所在。

【例 4-4】某企业有一台大型挖掘机在偏远区域施工，采购配件十分不便，一旦液压软管爆裂，缺货造成的停工损失平均为 5 000 元/次。为此，企业需要存储液压软管来保证维修需求，以避免停工损失。表 4-1 是液压软管每年需求次数的历史统计数据。

表 4-1　该大型挖掘机液压软管每年需求次数的统计数据

需求次数	0	1	2	3	4
概率 P	0.2	0.4	0.3	0.1	0.0

液压软管的成本为 1 000 元 / 根，假如存储一年未使用，则液压软管老化作报废处理。请问：企业储存几根液压管最合适？

发生故障时，仓库里液压软管有现货就能获得收益，其中

$$边际效益 = 5\,000\,元 - 1\,000\,元 = 4\,000\,元$$

如果存储一年未使用，则液压软管报废，所以其边际成本为 1 000 元。

经济学中有个规律，即最佳值总是出现在边际效益接近边际成本的时候，此时

$$软管最佳现货率 = \frac{边际效益}{边际效益 + 边际成本} \times 100\% = \frac{4\,000}{4\,000 + 1\,000} \times 100\% = 80\%$$

根据每年液压软管需求的历史数据，可以绘出液压软管需求的累计概率曲线，如图 4-3 所示。

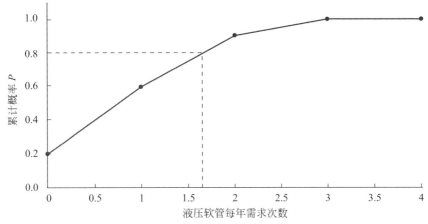

图 4-3 液压油管需求的累计概率曲线

当液压软管现货率为 80%（累计概率为 0.8）时，软管累计需求频率在 1 次 / 年和 2 次 / 年之间，更靠近 2 次 / 年，所以该企业存储 2 根液压软管最合适。

通过计算某种配件的边际效益和边际成本来确定该配件现货率的最佳值，再根据对这种配件需求的统计数据，最终确定其最佳库存量。

4.5 报童模型及其数理统计原理

据说股神巴菲特的第一份工作是报童，而他的第一桶金 5 000 美元就是做报童时赚到的。很多人以为，报童不就是送报纸吗？那是个体力活儿，根本没有技术含

量。其实，报童也跟世界上很多工作一样，可以靠力气挣钱，也可以找到其中的规律，靠脑力赚钱，事半功倍。

报童每天采购多少张报纸赚的钱最多？如果报纸进多了，当天卖不出去就会浪费；报纸进少了又可能出现缺货，失去赚钱的机会。其中的学问很大，与配件库存计划极其相似，库存计划中就有一个赫赫有名的"报童模型"（newsvendor model），我们用一个例题来说明。

【例 4-5】报童每天早晨以 0.4 元 / 份的批发价从报社采购当天的报纸，然后以 1.0 元 / 份的零售价卖给读者。如果报纸采购少了，就会有读者买不到报纸，报童也就失去了赚钱的机会；如果报纸采购多了，当晚没有卖完的报纸，只能以 0.05 元 / 份的价格卖给废品回收站。请问：报童采购多少张报纸赚的钱最多？

首先，有心的报童会细心地统计过去每天来买报纸的读者数量，就像巴菲特当年做的那样，他得到了表 4-2 的销售统计数据。

表 4-2　报纸历史销量统计数据

分组	销量范围	概率	累计概率 P
1 000	$r \leqslant 1\,000$	0.00	0.00
2 000	$1\,000 < r \leqslant 2\,000$	0.05	0.05
3 000	$2\,000 < r \leqslant 3\,000$	0.15	0.20
4 000	$3\,000 < r \leqslant 4\,000$	0.40	0.60
5 000	$4\,000 < r \leqslant 5\,000$	0.30	0.90
6 000	$r > 5\,000$	0.10	1.00

假设每天需求量为 r 的概率为 $f(r)$，零售价为 p，采购价为 w，卖不掉的报纸清仓价为 v，销售每张报纸的边际效益为 $p-w$，边际成本为 $w-v$。由于读者每天对报纸的需求量是随机的，报童赚的钱（利润）也是随机的，假设每天采购 Q 份报纸，则日均利润 $G(Q)$ 为

$$G(Q) = \sum_{r=0}^{Q} [(p-w)r - (w-v)(Q-r)]f(r) + \sum_{r=Q+1}^{\infty} (p-w)Qf(r)$$

求 Q 使得 $G(Q)$ 最大。

将 r 视为连续变量，$f(r)$ 为概率密度，则有

$$G(Q) = \int_0^Q [(p-w)r - (w-v)(Q-r)]f(r)\mathrm{d}r + \int_{Q+1}^{\infty} (p-w)Qf(r)\mathrm{d}r$$

求导数 $\dfrac{\mathrm{d}G}{\mathrm{d}Q} = 0$，由此得出

$$\frac{\int_0^Q f(r)\mathrm{d}r}{\int_{Q+1}^{\infty} f(r)\mathrm{d}r} = \frac{p-w}{w-v}$$

式中，$\int_0^Q f(r)\mathrm{d}r = P_1$ 即为卖报数量 $\leqslant Q$ 的有货概率；$\int_{Q+1}^{\infty} f(r)\mathrm{d}r = P_2$ 即为卖报数量 $> Q$ 的缺货概率；$P_1 + P_2 = 1$。

实际上，P_1 就是 $r \leqslant Q$ 的概率，即报纸有货率，也是库存管理中追求的配件现货率，P_2 就是 $r > Q$ 的概率，即报纸缺货率，也就是配件缺货率。即

$$P_1 = \frac{\text{边际效益}}{\text{边际效益} + \text{边际成本}} = \frac{p-w}{p-v}$$

这时 P_1 就是报纸采购有货率的最佳临界值，如图 4-4 所示。

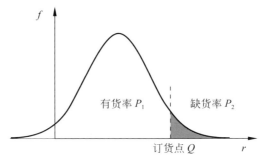

图 4-4　报纸需求量的正态分布曲线

根据前面给出的条件，按照图 4-5 的累计概率曲线，可以得出：

$$p=1.00, \quad w=0.40, \quad v=0.05, \quad p-w=0.60, \quad p-v=0.95$$

$$P_1 = \frac{0.6}{0.95} = 0.63$$

对应于 $Q_1 = 4\,100$ 份报纸，就是最佳采购量。

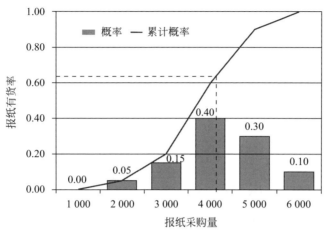

图 4-5　根据历史统计数据确定最佳采购量

4.6　报童模型的启示与应用

我们可以使用"报童模型"来分析不同的分销模式。

【例 4-6】假设报纸的印刷成本是 0.25 元 / 份，如果报社采用直营模式，则有

$$p=1.00, \quad w=0.25, \quad v=0.05, \quad p-w=0.75, \quad p-v=0.95$$

$$P_1 = \frac{0.75}{0.95} = 0.79$$

由此可得，$Q_2=4\,700$ 份报纸。

显然，报社直营的边际效益 $p-w$ 更大，毛利率更高，这使订货点 Q 变得更大（图 4-6），平均每天多卖 600 份报纸，从表面上看直营更加合算。但是直营的缺点在于：报亭、员工和订报资金等费用以及剩余报纸的风险都必须由报社承担。人员的费用越来越高，资金成本也不低，扣除这些费用，直营未必会比分销的收益更大。

近些年，工程机械行业一直存在着代理模式与直营模式之间的争论，主机厂在与代理商合作中出现了一些问题，在部分代理商退出之后，主机厂开始尝试直营模式。代理模式合作初期需要主机厂为代理商提供各种支持，帮助他们发展；相比之下，直营模式管理起来似乎更简单，执行力更强，自上而下很容易体现主机厂的企业文化和价值理念。但是市场、成本、收益和风险也是主机厂必须考虑的因素，代

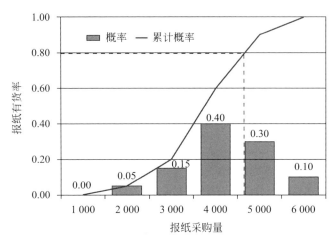

图 4-6　根据历史统计数据确定最佳采购量

理制是时间的朋友，直营制是时间的敌人，直营模式不仅成本越来越高，还会让主机厂直面金融和合规风险，对直营公司管理者的能力也是一个巨大的挑战。

报纸的边际效益 $p-w$ 越大，毛利率越高，订货点 Q 也越大；反之，报纸的边际成本 $w-v$ 越大，亏损越多，订货点 Q 越小。配件库存计划的原理与之完全相同，只是报纸的"保质期"只有一天，而配件的保质期相对较长，这也是很多服务商不重视库存的原因，他们以为配件多放几年也不会坏，迟早能卖出去，这种观点是极其错误的。

"报童模型"还可以用来解决工作中最优选择的问题。

【例 4-7】航空公司发现每趟航班总有一些乘客购买了机票，却由于各种原因并未登机，空座位给航空公司造成了经济损失。为此，航空公司通常也会超额预售一些机票，但超售多少张机票才合适呢？

某航空公司根据统计数据发现，每趟航班购买机票却未登机的旅客数量是平均值为 20 人、标准差为 10 人的正态分布，每个空座位的机会成本是 100 美元，可一旦乘客确认了机票却无法登机，航空公司就要补偿 400 美元，每架飞机有 150 个座位，航空公司想知道预售机票的上限。

预售少了，会产生空座损失；预售多了，会造成无法登机旅客的不满，还要做出补偿。假设 X 是超额预售的机票数，Y 是有票没有登机的人数，当 $Y \leqslant X$ 时，则多售一张就损失 400 美元；当 $Y>X$ 时，则多空一个座位就损失 100 美元。$Y>X$ 的概率为

$$f(Y>X) = \frac{\text{边际效益}}{\text{边际效益} + \text{边际成本}} = \frac{400}{400+100} = 0.8$$

那么，$Y \leq X$ 的概率就是 $1-0.8=0.2$。根据正态分布函数（图 4-7），安全系数为 $z=-0.84$。因此，超售机票数为

$$X = 20 \text{ 张} - 0.84 \times 10 \text{ 张} = 12 \text{ 张}$$

则预售机票的上限为

$$150 \text{ 张} + 12 \text{ 张} = 162 \text{ 张}$$

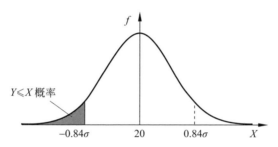

图 4-7　根据统计原理确定预售机票的数量

世界上的很多事情并非线性关系，我们必须像报童那样在矛盾的关系中寻找最佳平衡点，这正是库存计划的精髓所在。好消息是，很多服务商已经开始使用进销存系统来管理配件业务，积累了很多库存数据，可以从中挖掘数据背后的价值，洞察客户需求的变化，做好库存计划，找到平衡配件现货率和库存周转率的最佳库存量。

配件的毛利率越高，缺货时损失越大，所以服务商应该增加高毛利配件的安全库存；而保质期较短的橡胶件边际成本较大，出现积压时损失更严重，需要降低其安全库存。

【例 4-8】通常主机厂的自制件、专用件和维修件利润率更高，因为市场上可替代的副厂件较少，竞争激烈程度相对较低。在这种情况下就需要保证较高的配件现货率，因为一旦缺货，不仅会导致设备停工和客户抱怨，还会造成利润损失。

假设自制件边际效益 $=50\%$，配件现货率 $=80\%$，缺货率 $=20\%$，则

$$\text{配件缺货的利润损失} = 50\% \times 20\% = 10\%$$

10% 的利润损失甚至可能大于主机厂通常的税前利润率，缺货损失非常可惜，所以服务商一定要尽量避免这类配件出现缺货，提高配件现货率十分必要。

【例 4-9】某服务商经营的一种液压橡胶软管采购成本为 25 元 / 根，销售价格为 50 元 / 根。由于软管容易老化，软管库存 1 年后就会按半价处理。请问：液压软管

的现货率设置多高最合适?

$$边际效益 = 销售价格 - 销售成本 = 50.0\,元 - 25.0\,元 = 25.0\,元$$

$$边际成本 = 销售成本 - 清仓价格 = 25.0\,元 - 12.5\,元 = 12.5\,元$$

$$软管最佳的现货率\ P_1 = \frac{25.0}{25.0 + 12.5} \times 100\% = 66.7\%$$

受保质期的影响,软管的现货率不应该设置过高,否则很容易产生报废损失。

由于液压软管需求量大,是快速周转配件,假设这种软管的库存周转率为 n 次 / 年,则

$$边际效益 = n \times (销售价格 - 销售成本) = n \times 销售成本$$

$$边际成本 = 销售成本 - 清仓价格 = 0.5 \times 销售成本$$

$$软管的最佳现货率\ P_1 = \frac{n \times 销售成本}{n \times 销售成本 + 0.5 \times 销售成本} \times 100\% = \frac{n}{n + 0.5} \times 100\%$$

当 $n=1$ 时,$P_1 = 66.7\%$;

当 $n=4$ 时,$P_1 = 88.9\%$;

当 $n=8$ 时,$P_1 = 94.1\%$。

当液压软管的周转率为 n 次 / 年时,其边际效益被放大了 n 倍,所以快速周转配件应该设置更高的配件现货率,收益也会更高。

很多经销商老板十分擅长营销,却不重视配件业务,更不懂得如何做好库存计划,配件仓库里有很多浪费还浑然不知。在增量市场整机销售利润丰厚,老板一般不会关注配件库存问题。进入存量市场后,整机利润缩水,经销商亟须后市场的收益来帮助他们渡过难关时,却发现老客户大量流失,由于库存计划做得不好,配件不仅不赚钱,还存在着极大的呆滞风险。

储存多少配件才是最优选择?在库存计划问题上,服务商需要向报童学习,培养库存计划的专业人才,做到既满足客户需求,又赚到配件利润,这的确是对库存计划人员智慧的一种考验。

4.7 库存计划中最重要的理念——平衡

"二战"末期,日本人日下部与和子负责管理安纳塔汉岛的椰子树种植园。不久,遭遇美军袭击幸免于难的 31 个日本人也来到岛上,打破了原有的平衡。

最初长者主持让和子和日下部结为夫妻，重新建立了平衡。可自从有人从美军坠毁的飞机上找到两把手枪，平衡再次被打破，因为有枪就意味着可以占有和子。

6 年间，32 个日本男人围绕着两把手枪和唯一女人的占有权发生了一系列自相残杀，先后有 13 人死于非命。最后男人们认定和子就是血腥杀戮的根源，决定杀死她，吓得和子逃进了丛林中，最后登上美国船只回到了日本，岛上又恢复了平衡。这个真实的历史事件告诉我们，平衡有多么重要。

很多服务商不断地追求"极致的"客户满意度，通过增加库存来提升配件现货率，结果却是库存高企，库存周转率和配件现货率都在下滑。直觉告诉我们增加配件库存就能提升现货率，可结果却可能降低现货率，因为一旦资金被无效库存占用，现货率就会下降。看来，仅凭直觉是做不好库存计划的。

同样，一些服务商吃过库存积压的苦果，开始追求高库存周转率，价值高、周转慢的配件一概不存。一家主机厂的 CEO 就明确规定，库龄超过 60 天就是呆滞库存，因此库存计划人员为了提升绩效，只存储快速周转的配件，造成主机厂配件中心库存经常缺货，致使很多老客户流失，还影响到配件销量，得不偿失。

出现上述两种情况的根本原因是供需失衡，一些人看问题总是非黑即白，认为增加库存才能提升现货率，也必然会降低库存周转率，这种逻辑并不正确。

配件现货率和库存周转率就像一把宝剑的两个刃，片面地追求高库存周转率，降低库存持有成本，配件的现货率就可能下降，服务商不得不承担更大的缺货成本，包括加急运输费用和客户流失风险，还会影响客户满意度。同样，片面地追求高配件现货率，服务商也要承担更高的库存持有成本和库存错配风险，降低库存周转率，结果反而会影响配件现货率。

缺货和过剩是一对"孪生兄弟"，配件存多了，会产生库存过剩，占用更多的资金；配件存少了，又可能出现缺货，无法满足客户的需求。是否存在一个"健康库存水位"，能够实现缺货与过剩的最佳平衡？这个问题我们将在 7.5 节"三箱库存模型与健康库存水位"中讨论。

销售部和服务部希望配件库存充足，最好是要什么，有什么，而财务部和库存计划人员则希望控制好库存，因为库存一旦积压就没有钱去订购新的配件，毕竟每家服务商的资金都是有限的。

从财务的角度观察，库存计划为配件业务运营提供了一个有价值的观点：配件库存就是在投资回报率、客户满意度和健康库存结构之间寻找一个盈利的平衡点，没有任何单一的绩效指标能够兼顾这三者的关系。这个问题既不是配件业务的新挑战，也不会随着时间的推移而改变，唯一不同的是面对这个挑战的难度会更高，因为市场不确定性增加、产品迭代更快、客户需求多样化，让三者之间的平衡更加困难。

由于市场竞争的加剧，很多服务商只看到了配件库存的服务属性，忽视了配件后市场的盈利属性，常常只追求配件现货率，不关注库存成本和投资回报率，在配件利润不断缩水的情况下，糟糕的库存计划可能把配件业务变成一个赔钱的"无底洞"，掉进库存不断增加、客户满意度降低、错配日趋严重的陷阱。

中国人聪明、勤奋、善于经商，却最讲中庸之道，中不偏，庸不易，不追求极端，而是追求平衡，这恰恰是商业理念中重要的精髓。

解决库存错配问题的核心也是平衡，可惜这一理念却被很多服务商所忽视。

根据企业在库存计划和配件现货率方面的表现，可以把服务商分为四类，如图 4-8 所示。

图 4-8　四类服务商的配件库存管理

第一类是"双高"服务商，高库存，高现货率，这类服务商往往是行业的"领头羊"，对客户满意度和客户口碑十分在意，不惜以高库存为代价保证配件现货率，以免影响产品销售。他们执行力很强，可计划能力不足，认为高现货率导致高库存不可避免。

这类服务商选择只追求配件现货率，而不关注其他绩效指标。每当出现缺货时，服务商都会用增加库存来加以应对，结果必然是更严重的库存错配。一旦市场发生改变、产品更新换代、客户工程结束，服务商的配件库存就可能产生巨大的经济损失。

不仅如此，当服务商的资金变成了难以变现的库存时，就很难再继续增加库存，不惜代价追求某个绩效指标的结果，一定会影响其他指标的达成，最终阻碍总体战略目标的实现。

第二类是最佳服务商，低库存，高现货率，他们的库存计划能力和执行力都很强，很清楚应该存什么、存多少，更清楚不能存什么，所以能够很好地控制库存水平，同时保持配件现货率和健康库存结构，依靠科学的库存计划实现了配件库存的最佳平衡。

第三类是"双低"服务商，低库存，低现货率，服务商实力不足，又缺少计划能力，曾经深受呆滞库存之苦，追求低库存，靠紧急订单和执行力来调货、发货，避免库存风险。

这类服务商忽略了平衡的理念，选择库存周转率作为主要追求指标。当销量下降时，配件部门就会主动降低库存来维持库存周转率，结果使缺货情况更加严重，造成紧急订单和运输成本增加，客户满意度下降，客户流失风险上升。

近些年一些外资品牌的中国经销商销量不断下降，基本处于躺平状态，高价值配件一律不存，依靠紧急订单和空运来缩短交货期。但是，客户的设备需要赚钱，缺货就意味着客户不满和流失。经销商虽然降低了库存，但配件销量也会下降，导致库存周转率进一步下滑，进入一种恶性循环。

第四类是最差服务商，高库存，低现货率，库存计划能力低下，执行力不足，库存计划人员从未接受过专业培训，或者干脆由服务工程师兼任，全凭经验做库存计划，基本上是"摸着石头过河"，库存错配和浪费极为严重。

今天，服务商库存计划人员需要控制和达成配件库存总金额、配件现货率和库存周转率的目标，因此对"如何平衡库存投资、客户满意度和配件运营效率"的理解比以往任何时候都更为重要。

服务商可以根据历史的出入库数据来预测每一种配件的市场需求，使用数理统计方法确定配件库存水位，既能够满足用户需求，又能够合理地利用资金。根据需求数据分析，评估哪些配件需要放库存、放几个库存合适、放在哪个仓库更优，这些都是库存计划人员需要回答的问题。

根据配件的历史需求数据计算出之前 12 个月的累计销售成本和平均库存金额，

就可以确定这种配件的累计库存周转率，再根据该配件的利润率计算出其边际效益和边际成本，然后做出这种配件的最佳库存曲线，如图4-9所示。

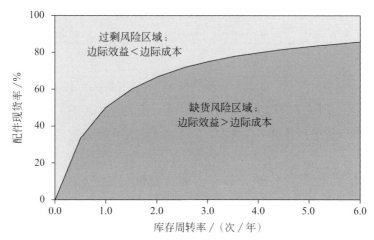

图4-9　配件现货率与库存周转率之间的关系

图4-9的上半部分是过剩风险区域，下半部分是缺货风险区域，而配件现货率的最佳值恰好落在两部分相交的曲线上，实现最佳平衡。配件现货率过高，就会出现过剩；配件现货率过低，又会发生缺货。库存计划就是动态地寻找每一种配件的最佳库存曲线，然后根据该配件的库存周转率确定其适当的配件现货率，最终计算出该配件合理的库存水位。

第二类服务商用较低的库存实现了较高配件现货率，看似不可能，那是因为我们习惯把配件现货率和库存周转率对立起来，以为提高配件现货率，必然会降低库存周转率，仍然没有摆脱线性思维的模式。只要把库存计划做得精准，用更少的库存投资实现更高的配件现货率是完全可能的。

无效库存对于改善配件现货率没有任何帮助，优秀服务商的库存计划做得好，就是找到了缺货与过剩的平衡点，最大限度地避免了库存错配，降低了无效库存，提升了库存效率。

最近几年中，笔者曾经为一些主机厂和服务商的配件库存做数据分析，发现很多企业的无效库存超过了50%，换句话说，超过一半的库存投资被浪费掉了。如果我们在采购时能够知道哪些是无效库存，把它们从采购清单中剔除，就能省下一半的库存投资，实现相同的配件现货率和双倍的投资回报率，这正是本书要讨论的主要问题。

认知 误区	制订库存计划需要有经验的服务工程师，他们来自第一线，最了解产品和客户需求。
重新 定义	不要低估配件业务的可重复性，没有人比数据知道得更多，做好库存计划必须依靠库存数据。

第 **5** 章

认知误区加剧了
库存错配

仓库里确实存了很多配件，
却没有我要的零件。

——一位用户

天，某服务商的库存计划主管被老板叫到办公室，原来一位老客户急需的一种维修配件缺货，导致设备停工，他来公司投诉。老板把王主管训了一通："为什么总是缺货？你的库存计划是怎么做的？增加库存不就行了吗？下次再缺货，你就别干了！"

听起来是不是很熟悉？很多老板都以为：增加库存就能避免缺货。那么，王主管会做出什么样的反应？他马上找来服务工程师，凭经验列出了一份长长的配件采购清单，买回来放进仓库，以保证下次不再缺货。多存一些，宁多毋缺，反正又不花自己的钱。

可是，命运似乎总在捉弄人，似乎设备总是找仓库里没有的配件损坏，缺货的情况再次发生。面对客户的投诉，老板更加不满了："不是让你增加库存吗？怎么还缺货？这么简单的事情都做不好？我要你干嘛？！"为此，王主管被公司解雇。

很多服务商的库存计划岗位频繁换人，原因就在于管理层对库存计划存在认知偏差，以为工作认真负责就能胜任，认为库存充足就不会缺货。很多从事库存计划的员工并非专业人员，也缺少专业培训，导致缺货的情况层出不穷。一旦出现缺货，被指责的当然就是库存计划人员。

要做好配件库存计划，首先必须纠正在库存计划中的认知误区。

5.1 认知误区 1：库存越多配件现货率越高

人类在进化的过程中，从过去的经验中学到了很多东西，大脑结构中仍然习惯于祖先传下来的生存技能，习惯依赖经验和本能去应对各种挑战。例如，要提高配件现货率，人本能的反应就是增加库存。可惜，经验模式在应对高速变化的世界时常常漏洞百出。

配件现货率与库存成本之间并非线性关系，库存越多配件现货率越高是库存计划中的认识误区，也是产生库存错配的主要原因之一。

库存增加时，配件现货率并非按照图 5-1 中的直线 a 线性增加。无效库存并不能提升配件现货率，盲目增加库存反而可能让现货率沿着曲线 c 改变，即库存成本增加很快，配件现货率却提升不大，事倍功半。与之相反，按照概率论方法计算安全库存，就有可能达到事半功倍的效果，让配件现货率沿着曲线 b 改变。

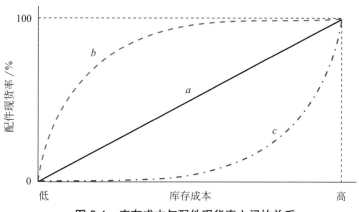

图 5-1　库存成本与配件现货率之间的关系

很多人喜欢凭经验和直觉做库存计划，而概率论的方法常常是反直觉的。最初增加库存对于提升配件现货率效果显著，但是当现货率升高以后，进一步提升现货率将变得非常困难，库存成本可能呈几何级数增长。例如，现货率从 93% 提升到 95%，要付出比现货率从 80% 提升到 90% 数倍的代价。

因此，服务商不应追求过高的配件现货率，那样做代价太高，回报太低。配件库存能否满足客户需求不取决于库存量的大小，而取决于库存计划的准确性。用线性思维来评估配件现货率与库存成本这一非线性问题，必然导致库存错配。

5.2　认知误区 2：库存是吞噬现金的"魔鬼"

不少服务商都遇到过库存积压问题，大量的呆滞库存让他们苦不堪言，严重影响了服务商的现金流和利润回报。

一朝被蛇咬，十年怕井绳。为此，一些服务商十分憎恨库存，认为库存是企业盈利的"黑洞"，赚的钱又变成了货，占用大量资金，严重影响了服务商的现金流。有些管理者开始严格控制库存量，能不存就不存，宁愿采购紧急订单，也不愿把配件放进仓库里，以为零库存才是库存管理的最高境界。

服务型企业无法做到零库存，除非你根本不在意客户的体验，对于餐饮和快消等行业，没有库存甚至连商业模式都无法成立，所以消除库存不是解决办法，提升供应链效率才是王道。库存是人类社会最伟大的发明之一，它缩短了交货期，保证了服务的及时性，提升了客户满意度，没有库存就留不住老客户。从这个意义上说，库存是一位"天使"，而不是"魔鬼"。

随着设备保有量的增加，配件业务规模不断扩大，有必要适度增加配件库存量。判断库存增加是否适度的标准就是库存周转率，即库存增加的速度不应超过配件销量的增速，否则库存周转率就会下降，必然导致呆滞风险增加，盈利能力降低。

我们必须认识到库存是必要的"邪恶"，没有库存企业就失去了为客户服务的资格。市场需求的改变和产品升级换代可能会产生一些库存积压，但企业必须把库存这个"魔鬼"关进笼子里，不能任由库存随意增加，努力避免库存错配，以免影响服务商的盈利水平。

服务商必须接受缺货的情况，因为无论放多少库存，都可能出现缺货，重要的不是做到要什么有什么，而是避免那些对客户影响大的配件缺货，该存的配件要存足，不该存的配件要杜绝。

库存到底是"天使"还是"魔鬼"，完全取决于服务商的库存计划水平。周转库存缩短了交货期，为客户节省了时间，是一位"天使"；呆滞库存占用了资金，压垮了企业，又是一个"魔鬼"。所以，零库存不是解决库存错配的良药，提高现货率的方法也不是增加库存，而是科学的库存计划。

5.3 认知误区3：库存多放几年迟早会卖出去

很多配件已经在仓库里存放了多年，服务商却从来不打折促销或做坏账计提，他们以为只要不丢失、不生锈，库存就没有损失，还常常听到一些管理者说："库存放久了总会卖出去的。"这种认知并不正确。

仓库里的配件放得越久，库存持有成本越高。这是库存的隐形成本，被很多服务商所忽视。当服务商某一天退出配件业务时，剩余的库存中肯定会有相当大的损失。要努力避免库存呆滞，剩余的库存越少损失就越小。

近几年，笔者参与了一些服务商配件库存的分析和优化，根据配件库存数据的分析结果，首次出库时间越早，库存呆滞的风险越小，6 个月内有需求的配件呆滞风险很小。库龄超过 6 个月仍没有需求，呆滞风险就会急剧上升，首次出库时间越晚，库存呆滞风险越高。数据统计结果显示：12 个月仍没有出库记录的配件，24 个月内实现销售的概率只有约 5%！配件库龄越长，呆滞风险越大。库龄超过 2 年的慢速周转配件呆滞风险非常高，如图 5-2 所示。

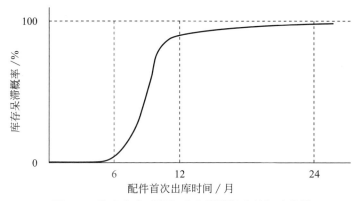

图 5-2　首次出库时间与库存呆滞概率的经验曲线

因此，服务商要多存快速周转配件，确保配件在 6 个月内实现销售。在库存管理系统中设定一些预警信号，例如：库龄超过 6 个月仍没有需求时，立即给出风险提示，严禁补库；库龄超过 12 个月仍无需求时，则发出黄色预警，安排促销活动；库龄超过 24 个月仍没有需求，则发出红色预警，寻求退库或换货等行动，否则这些配件就真的变成"死库存"了。

很多国产品牌产品改型很快，随着柴油机尾气排放标准升级，配件库存呆滞风险也在上升。当柴油机被新能源动力完全替代之后，仓库里的那些柴滤和空滤等配件就永远失去了市场。经常说"熬久了终有出头之日"的人，通常都是在职场上不得志的人；同样，常说"放久了总会卖出去"的人，也是经常遇到库存积压的人。

配件与库存从外观上一模一样，实际上却有天壤之别：客户需要的是配件，不是库存。卖到客户手里的是配件，放在仓库里的是库存，后市场最值钱的是配件，最不值钱的就是库存！

5.4　认知误区 4：优秀企业必须 100% 满足客户需求

很多服务商的管理者总喜欢标榜自己先进的服务理念——要 100% 地满足客户需求。为此，他们喊出了"不惜一切代价满足客户需求"的口号。这种做法真的明智吗？

存量市场的整机利润越来越薄，"终身免费服务"的口号把服务送了出去，如果配件业务也不赚钱，服务商靠什么生存呢？又凭什么来满足客户需求呢？

优秀服务商的库存计划追求的不是极致，而是平衡，是配件现货率与库存周转率之间的平衡、客户满意度与投资回报率之间的平衡、快速周转配件和慢速周转配件之间的平衡。企业经营必须考虑成本，不惜一切代价不应该是企业的行为，结果也往往事与愿违，最终无法满足客户的需求。

不惜一切代价满足客户的需求，最终一定是双输的结果，严重的库存错配，占用更多的资金，缺货更加严重，服务商付出高昂代价，客户抱怨仍然很大。

没有服务商可以 100% 满足客户需求，不惜一切代价从来不是优秀企业的标签，可持续发展才是。一旦服务商现金流断裂，受伤害最深的除了员工，还有他们的用户。优秀服务商的经营目标是与用户一起成长，将自己变得更大、更强，也帮助用户成长壮大。如果服务商不能盈利，一切只是口号。

所以，配件业务是一门必须做出取舍的生意，有所不为才能有所为，理性选择才是成熟的做法，有时选择不存什么配件比选择存什么更重要。一些服务商总是担心缺货，什么配件都存点儿，结果是库存错配，不该存的在库里，该存的却缺货。

5.5　认知误区 5：没人能预测未来的配件需求

有人认为：人又不是神，怎么可能预知未来？产品发生故障的随机性很强，没人能够预测出哪种产品在何时何地会发生何种故障。为此，他们总是"活在当下"，从来不思考未来，还自认为是一种脚踏实地的"务实"。

其实，这只是懒人不愿意思考的借口，也是他们为配件缺货找到的理由。的确，没有人能完全预知未来，每个预测与现实之间都存在误差，但是永远不要低估配件业务的可重复性。大数定律告诉我们，随着设备数量的增多，配件需求的预期结果将呈现必然的规律。幸运的是，我们生活在大数据时代，看似十分随机的库存数据背后，配件需求也在按照一定的规律不断地重复，需求预测就是数据挖掘，这正是做好库存计划的基础。

举例来说，汽车、农机和工程机械都需要定期保养，每次保养需要更换的油品和滤芯是确定的，运行到一定时间就必须更换，这就是需求的确定性，周而复始，循环往复。预测的美妙之处就在于：虽然所有预测都存在偏差，但是有预测比没有预测更好，没有预测就意味着有很多预测，而每一次预测都是机会与风险的平衡。

那些需求频率高、数量大和单价低的快速周转配件，需求确定性和库存周转率都比较高，一旦缺货引起客户的抱怨更大，所以这类配件库存产生的价值也更高，要多存、存足。反之，那些需求频率低、销量小和单价高的慢速周转配件，库存周转率低，需求不确定性大，预测精度低，一旦缺货客户也容易理解，这类配件库存的代价高、收益低，所以要少存或者不存。

服务商应该追求配件现货率还是库存周转率？片面追求某一个指标必然会打破配件库存的平衡，导致库存错配，不仅影响客户满意度，还会降低服务商的经济效益。

值得庆幸的是二者的平衡是可能的，通过科学的库存计划，服务商就能平衡配件现货率和库存周转率，平衡客户满意度和投资回报率。

5.6 认知误区 6：库存计划就是做需求预测

很多人以为库存计划就等于需求预测，预测出未来的配件需求就能根据预测提前准备库存。这种观点并不正确。

库存计划离不开需求预测，但并不是简单地预测下个月客户会需要哪些配件及其数量，然后把这些配件采购回来放进仓库，坐等客户上门。事实上，人们也很难准确地预测下个月的配件需求，预测之后还需要一个补货周期才能备好库存，而库存计划则是通过建立结构化的系统模型，采用数理统计的方法，根据需求预测建立自动补库算法，既满足客户的需求，又避免产生库存错配。

【例 5-1】根据销售数据统计，某服务商平均每周销售 2 台水泵，并且可以随时从上游供应商那里订购水泵以补充库存，交货期为 1 周。该服务商的库存策略是保持 5 台水泵库存，一旦库存低于 5 台时就立即补充到 5 台。考虑到水泵的补货周期仅为 1 周，库存量是补货周期需求量的 2.5 倍，大概率不会缺货，能保证较高的水泵现货率。

这家服务商并没有准确地预测下个月会销售几台水泵，而是根据需求数据和补货模型存储了足够的库存，建立了高效的补货流程，保证了水泵的高现货率。在例 7-11 中，我们将使用三箱库存模型计算这种补库方式的安全库存，证明这种库存策略能够实现非常高的水泵现货率。

库存本身是一种浪费，如果能够帮助客户节省时间，提升服务及时性和客户满意度，最终赢得更多的忠诚客户，这就是有意义的"浪费"。如果由于库存错配没有为客户节省时间，服务商付出了代价却没有获得回报，库存就变成了实实在在的浪费。

认知误区	库存计划岗位的技术含量不高，只需要细心和负责就行。
重新定义	库存计划岗位的技术要求很高，不仅要懂得概率论和数理统计，还要熟悉配件业务，才能真正做好库存计划。

第6章

配件分类与库存策略

取精用弘，由博返约。

些服务商的配件库存计划做得不好，一个重要原因就是缺少清晰的库存策略，没有对配件进行分类，采取"一刀切"的策略要想解决所有配件的库存问题是不现实的。周转快的配件需求量大，周转慢的配件需求量小，对这两类不同的配件采取相同的库存策略显然是不合适的。

举例来说，主机厂要求经销商将配件的现货率提升到90%以上，以保证服务及时性和客户满意度。为了实现主机厂提出的目标，很多经销商就简单地把所有配件的现货率目标设定在90%以上，这将会产生很多库存错配。

一方面快速周转配件设定90%的现货率目标太低了，常用的机滤、柴滤、油品和斗齿等保养件和易损件，10%的缺货率会造成客户不满，还会错失很多销售机会。这类配件单价不高，需求量很大而且呆滞风险很低，对配件销量和现货率贡献很大，要尽量保证不缺货，一旦缺货会对客户产生很大的负面影响。

所以，这类快速周转配件的现货率目标值应该高于99%，设置最高的安全库存，不仅能增加配件销量，还能提升经销商的配件现货率水平。

另一方面，对于那些不常用、价值高的慢速周转配件，如柴油机总成、液压泵总成等，也许两年才需要一次，则不应该放库存，更不能设置90%的现货率目标，不同设备上的柴油机型号各异，假如经销商每种柴油机总成都放库存，资金压力会非常大，呆滞风险也会上升。

经销商必须清楚，产品型号的增加会带来库存不成比例的增长，必然产生一些慢速周转配件，快周转库存必须转得足够快才能弥补慢周转库存对总体现货率产生的负面影响。

因此，OEM主机厂与下游经销商和上游零部件供应商之间，应该建立配件库存的协同策略，才能提升配件供应链的效率，既满足客户需求，又实现配件业务的盈利目标。同时，主机厂也需要统计设备生命周期发生故障的时间和概率，提前准备维修配件的库存。

库存中很多问题相互影响、相互制约，例如，希望通过增加库存来提升配件现货率，结果却降低了库存周转率；希望通过减少库存来提升库存周转率，结果又可能对客户满意度产生负面影响。

如果不理解库存计划的原理，片面追求某个指标，服务商就会在增加库存和减少库存之间变来变去，一会儿要全力提升客户满意度，一会儿又要降本增效，开展"降库存运动"，最终掉进库存错配的陷阱，无法实现企业的目标。

6.1 配件分类法

仓库里有各种各样的配件，如何对配件进行合理的分类，并根据不同的配件类型采取差异化的库存策略是库存计划人员必须学习的方法。

6.1.1 ABC 分类法

ABC 分类法，也称为帕累托法则（Pareto principle），就是人们常说的 80/20 法则，即 80% 的结果源于 20% 的原因，20% 的人拥有 80% 的财富，20% 的客户贡献了企业 80% 的营业额，仓库里 20% 的配件品类占据了 80% 的库存等。

世界是不均衡的，理解这一点能帮助我们做好库存计划。

ABC 分类法强调的是管理主次分明，抓住关键。A 类配件价值高、品种少，种类占比约 10%，价值占比却达约 70%；B 类配件种类占比约 30%，价值占比约 20%；C 类配件种类占比约 60%，价值占比仅约 10%，见图 6-1。

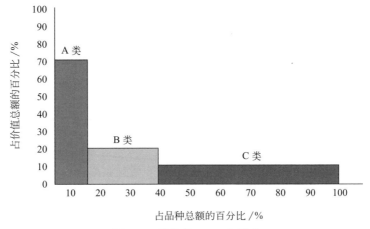

图 6-1　配件的 ABC 分类法

根据 ABC 分类法可以定制差异化的配件库存策略，见表 6-1。

表 6-1　ABC 分类法的配件库存策略

配件类型	库存量控制	库存量计算	出入库记录	盘点频率	安全库存量
A 类配件	严格控制	按库存模型计算	详细记录	每周盘点	小
B 类配件	一般控制	一般计算	一般记录	每月盘点	中等
C 类配件	简单控制	粗略计算	简单记录	每季盘点	充足

显然，A 类配件价值高，其重要性不言而喻，必须严格管控，一方面控制库存量，避免出现呆滞；另一方面详细记录，经常盘点，以避免丢失或生锈，造成损失。

C 类配件品类多，但价值较低，对提升配件现货率贡献很大，保证充足的库存量无须花费太大的代价。B 类配件的管理介于 A 类和 C 类之间。

6.1.2　FSN 分类法

这是一种根据配件出货频率的分类方法。

（1）F —— fast-moving 类配件，即快速周转配件。这是按照出货频率分类的常用配件，其库存策略是保证库存充足，设置较高的配件现货率。

（2）S —— slow-moving 类配件，即慢速周转配件。这是按照出货频率分类的非常用配件，其库存策略是少量库存，设置较低的配件现货率。

（3）N —— non-moving 类配件，即零周转配件。没有周转，就意味着需求概率极低，库存应放在供应商或主机厂中心库，服务商不放库存，而是根据需求临时采购（buy on demand）。

总体来说，F 类配件要库存充足，S 类配件需谨慎控制，N 类配件要严格管控，尽量不放库存。

很多设备的设计寿命超过 10 年，一些国际知名企业甚至会向客户承诺：设备停产后 15 年内，仍然保证配件供应，这体现了对消费者的责任。因此，机械设备的配件需求存在典型的"长尾效应"（图 6-2），当设备慢慢退出市场时，仍然会有少量的配件需求，这些慢速周转配件给服务商的库存计划造成了极大困扰，不存有可能缺货，存储又极易呆滞。

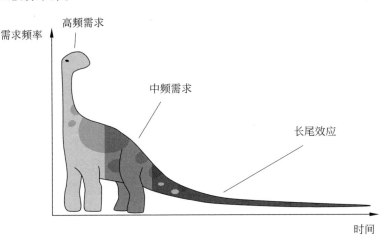

图 6-2　配件需求的"长尾效应"

服务商应当把库存重点放在高频和中频需求上，而保证"长尾效应"配件供应的责任主要是 OEM 主机厂，服务商不该存储这类配件。

6.1.3　VED 分类法

这是一种根据配件重要性和优先权的分类方法，有些配件替代性强，有些则属于关键配件，一旦缺货就会造成停机，对客户影响很大。

（1）V——vital 类配件，主要是对客户影响较大的关键配件，可能造成停机，也是设备维修中常用的关键配件，如控制电脑版、控制器等。

（2）E——essential 类配件，服务商必备的配件，也是客户在维修中的常用配件，如维护保养用的机滤、油品、密封圈等。

（3）D——desirable 类配件，属于锦上添花的配件，如液压泵、柴油机总成等，服务商有现货客户会很开心，如果没有客户也能接受。

V 类配件要保证一定的库存量，E 类配件要保证高现货率，而 D 类配件则可以根据情况少存或者不存。

6.1.4 SDE 分类法

这是根据配件交货期和采购特征的分类方法。新冠疫情给全球供应链带来的挑战非常严峻，很多企业开始重视供应链交付的可靠性。

（1）S —— scarce 类配件，稀缺配件，交货期长，例如，进口配件既是 S 类稀缺配件，又属于 A 类配件，缺货影响大，所以需要保证充足的库存量。

（2）D —— difficulty 类配件，交货期长，但并不致命，有替代方案。D 类库存应设置适当的配件现货率，保持合理的库存量。

（3）E —— easy 类配件，交货期短，市场上容易买到，库存量不必多，价值高的配件尤其要少存。例如，液压软管很容易根据需要加工或购买，由于各种软管规格太多，质保期较短，容易产生报废损失，所以不建议服务商存储软管。

6.1.5 XYZ 分类法

这是一种根据配件需求特征的分类方法。

（1）X 类配件的需求随时间波动较小，规律性强，相对容易预测，如快速周转配件（图 6-3）。

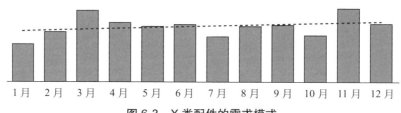

图 6-3　X 类配件的需求模式

（2）Y 类配件的需求随时间或季节有规律地变化，应根据需要适当地调整库存量（图 6-4）。

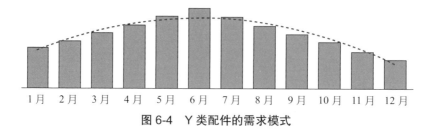

图 6-4　Y 类配件的需求模式

（3）Z 类配件的需求随机性强，随时间变化大，一般少存或不存，尤其要严格管控高价值配件的库存（图 6-5）。

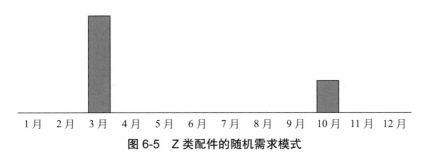

图 6-5 Z 类配件的随机需求模式

我们可以通过计算配件需求的波动系数（coefficient variation，又称为 CV 值）来判断配件的类型，CV 值的计算公式为

$$CV\ 值 = \frac{需求波动的标准差}{需求的平均值} \qquad (6\text{-}1)$$

根据 CV 值可以对配件进行 XYZ 分类，见表 6-2。

表 6-2 XYZ 分类法根据 CV 值定义

统计周期	配件分类		
	X 类配件	Y 类配件	Z 类配件
按天统计	$0 \leqslant CV \leqslant 2.4$	$2.4 < CV \leqslant 4.8$	$CV > 4.8$
按周统计	$0 \leqslant CV \leqslant 1$	$1 < CV \leqslant 2$	$CV > 2$
按月统计	$0 \leqslant CV \leqslant 0.5$	$0.5 < CV \leqslant 1$	$CV > 1$

配件周转速度越慢，数据波动越大（如 Z 类配件），CV 值也更大，要实现相同的配件现货率目标，就必须加大安全库存。但是对于慢速周转配件来说，安全库存越大，呆滞风险越高。因此，服务商需要针对不同类型的配件制定差异化的库存策略（见 6.3 节）。

6.2 "拉式"策略和"推式"策略

有朋友来家里做客时，我们有时请朋友去餐厅吃饭，有时请朋友在家里吃饭。在家里请客需要花很多准备时间，去餐馆吃饭就简单多了。令人惊奇的是，餐馆上菜的速度要比家里做菜快很多。大厨到底有什么绝活，能够轻松、迅速地搞定一大桌美味佳肴？

从供应链角度来分析，在家请客属于量身定制的"拉式"生产，是订单拉动，根据客人口味确定菜单，然后准备食材，现买现做。这种模式定制化程度高，库存风险小，却牺牲了规模效益和交货速度。

餐馆上菜之所以很快，因为他们采用的是"推式"生产，是预测驱动，根据以往的经验和统计数据，预计每天会有多少桌客人，客人喜欢点哪几种菜肴，需要多少肉、蛋、菜等，提前把食材买好、洗好、切好。只等顾客点菜，大厨马上点火炒菜，上菜速度当然很快。

"推式"生产缩短了交货期，具有规模效益，充分利用了产能，但十分依赖预测的准确性。一旦预测不准，就可能产生库存风险，例如，已经切好的蔬菜和肉，如果当天卖不掉，第二天就不新鲜了。

戴尔采取的是"拉式"生产，优点是满足了客户的个性化需求，库存风险小；缺点是生产规模小，运输成本高，交货速度慢。惠普则是采取"推式"生产，规模效益高，运输的经济性好，交货速度快，但十分依赖于市场预测，库存风险也更高。

服装企业 Zara 则采取了"推拉"的结合模式，Zara 公司根据零售店的订单安排生产计划，看上去是"拉式"生产；可当顾客来到 Zara 服装店时，则是根据服装实物来选购，从这一点上看又是"推式"生产。Zara 公司帮助零售店做好预测，以高效生产缩短交货期，订货批量小，新款更新快，满足了顾客的个性化需求。

配件库存计划也是如此。快速周转的配件需求预测准确性较高，适合放作库存（make-to-stock，MTS），采用"推式"策略提前储备，保证交货的及时性。

相反，慢速周转配件随机性强，需求预测困难，适合根据订单采购（make-to-order，MTO），采用"拉式"策略，不存或少存。

这样，配件库存计划就做到了"推拉"结合，快速周转配件采用预测驱动的"推式"策略，"推拉"结合点离用户更近，配件现货率高，交货及时，但存在一定的库存风险。慢速周转配件则采用订单拉动的"拉式"策略，"推拉"结合点离用户较远，交货周期长，库存风险小。"拉式"策略通常仅用于对用户影响较小的慢速周转配件，以帮助服务商避免呆滞库存风险。

从主机厂到服务商，随着区域扩张和网络下沉，服务商又建立了一些分公司、服务站和配件库，让服务网点离用户更近，以便提高服务及时性。但是服务商仓库的数量越多，配件需求的概率就越低，呆滞风险就越高，并且会经常面临库存重复和配件缺货等情况，导致库存效率降低。相比大型仓库的管理，小型仓库面临更大的人才短缺。

很多服务商设立了配件分库，结果却无法提升配件现货率，反而增加了运输成本，加剧了库存错配。理想很丰满，现实很骨感，仅凭美好的愿望并不能提升客户满意度。

表面上看，机械行业主机厂和服务商之间的配件库存也采用了与 Zara 相同的"推拉"模式，服务商根据需求预测下订单，主机厂根据服务商的订单发货，这样服务商就能为用户提供配件现货。不同的是，Zara 应对需求变化的速度很快，批量小，周转快，物流效率高，对预测的依赖较小，零售店库存少。

相反，机械行业主机厂喜欢把库存压给下游服务商，以实现自己的销售目标，不论这些库存是否能够快速实现销售。此外，主机厂供应链反应迟缓，补货周期长，服务商库存计划水平低，这些都加剧了库存错配。

此外，在服装和食品行业，只要产品销量不好，就会立即下架更换新品。机械行业则不同，即使产品已经退市，配件需求仍然存在"长尾效应"，服务商也必须在很长一段时间内保证服务和配件供应，所以面临的挑战更大。

6.3 服务商的配件库存策略

服务商可以根据一定时期内（例如，当前月及之前 12 个月）配件需求的频率来定义快速周转、中速周转和慢速周转配件（表 6-3），并根据配件活跃等级制定差异化的库存策略，以便满足所在区域设备保有量所需的产品服务支持。

表 6-3　服务商配件类型按照活跃等级定义（举例）

活跃等级	需求频率[*] n	配件类型
A	$n \geqslant 20$	快速周转配件
B	$11 \leqslant n \leqslant 19$	中速周转配件 1
C	$5 \leqslant n \leqslant 10$	中速周转配件 2
D	$n \leqslant 4$	慢速及零周转配件

[*] 根据最近 13 个月的需求频率 n 来定义配件活跃等级。

不同活跃等级的配件需要差异化的库存策略，快速周转配件设置高现货率，加大进货批量，减少进货次数，保证库存充足，避免缺货；中速周转配件设置中等现货率，一般控制；慢速周转配件则要设置很低的现货率，少存或者不存，因为需求频率很低，一旦库存积压，呆滞的风险就非常高。

一些服务商总是担心缺货，以为每种配件都放一些库存，才能更好地满足客户需求，这种"雨露均沾"的做法往往事倍功半，周转快的配件经常缺货，周转慢的配件总是呆滞，不仅占用资金，库存风险也很大。

图 6-6 是某服务商的配件库存品类 SKU 与累计需求频率的分析曲线，曲线呈现出明显的 80/20 法则，即 80% 的客户需求频率集中在约 20% 的快速周转配件品类上。由此可见，服务商只要重点保证快速周转配件的库存计划，就能满足 80% 的客户需求。

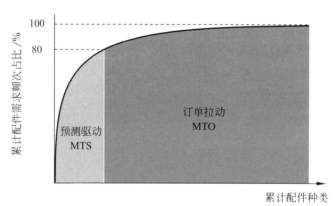

图 6-6　某服务商的配件库存种类与需求频率分析

因此，服务商必须制定差异化的配件库存策略，快速周转配件采用预测驱动的 MTS 模式，保证库存充足；慢速周转配件则采用订单拉动的 MTO 模式，少存或不存。如果图 6-6 的服务商减少那 80% 的慢周转库存，就能够节省出大量资金，库存周转率会更高，呆滞风险更低。

根据需求频率和配件单价两个维度，服务商可以将配件分为四个象限来制定差异化的库存策略，如图 6-7 所示。

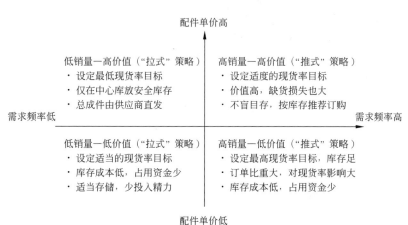

图 6-7 服务商的配件库存策略

第一象限的配件销量大、周转快、单价高，采用"推式"策略，保证适当的现货率，缺货的损失很大，可呆滞的代价也很高，所以不要盲目追求高现货率，做好库存计划，避免库存错配。

第二象限的配件销量低、周转慢、单价高，风险最高，属于库存严格管控区域，应采用"拉式"策略，因为库存代价高、回报低，一般不放库存。

第三象限的配件销量低、周转慢、单价低，采用"拉式"策略。由于库存成本不高，只需设置适当的现货率目标，在这类配件上不必投入太多精力。

第四象限的配件销量大、周转快、单价低，要采用"推式"策略，设置最高的配件现货率，保证库存充足，这部分库存对配件现货率贡献最大，给服务商带来的回报最高，缺货时负面影响也很大，是库存重点保障区域。

对服务商来说，结合配件活跃等级和配件单价制定差异化的库存策略是一种明智的选择（图 6-8），安全库存越大，配件库存越充足，服务商不应该储存单价高、周转慢的配件。

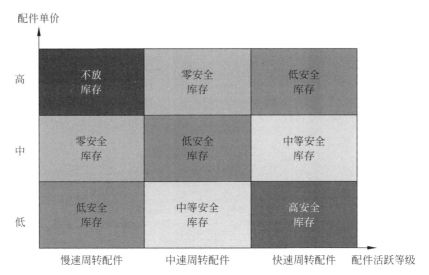

图 6-8　服务商的配件库存策略汇总

6.4　主机厂的配件库存策略

　　一些主机厂喜欢把配件库存压到服务商的仓库里，却不关心这些库存能否实现销售，客观上削弱了服务商的竞争力。虽然主机厂认为，只有服务商的配件现货率才会对客户满意度产生直接影响，但是库存积压必然影响服务商的现金流，降低其盈利能力。如果服务商出现财务风险，对主机厂来说也是一种损失。

　　配件业务不仅是为了提升服务及时性、品牌口碑和客户满意度，还需要盈利。服务商的库存增加，会对库存周转率产生负面影响，如果库存周转率太低，配件业务就很难盈利。

　　服务商的配件库存就是主机厂的销售额，所以双方对待库存的态度是不同的。很多主机厂没有配件退库政策，配件只能单向流动，一旦进入服务商的仓库，即使无法实现销售，也很难退回主机厂。

　　对此，某国际知名品牌非常清楚，不断扩张的产品线带来了配件品类不成比例的增长，以及更大比重的慢周转库存。无论是否有需求，主机厂必须存储和提供所有产品线、从零周转到快速周转的配件，并且从设备投放市场之日起、到设备寿命的终点。

为此，该企业将主机厂和经销商在配件供应链中的角色做了明确的定义，主机厂承担了大部分慢速周转配件的库存，鼓励经销商积极地储存快速和中速周转配件，慢速周转配件已成为经销商的非存储配件，而且制定了合理的配件退库政策，保持经销商的库存健康。

该主机厂配件中心库的库存结构如图 6-9 所示，按照配件品类 SKU 统计，慢速周转配件占比约 70%，中速周转配件占比约 25%，而快速周转配件仅占 5% 左右。

图 6-9　某国际知名主机厂配件中心库的库存结构

与此同时，这家企业还定义了经销商（3 万~4.5 万行配件）典型的配件库存结构（图 6-10），库存策略非常清晰，充分体现了合作伙伴的理念。

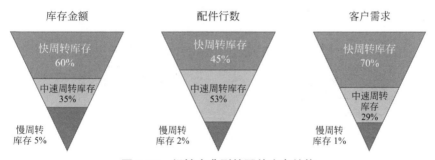

图 6-10　经销商典型的配件库存结构

该主机厂中心库各类配件类型的定义见表 6-4。

表 6-4　主机厂配件类型按照活跃等级定义

活跃等级	需求频率 *n	配件类型
A	$n \geqslant 350$	快速周转配件

续表

活跃等级	需求频率*n	配件类型
B	$100 \leqslant n \leqslant 349$	中速周转配件 1
C	$15 \leqslant n \leqslant 99$	中速周转配件 2
D	$n \leqslant 14$	慢速及零周转配件

*根据最近 13 个月的需求频率 n 来定义配件活跃等级。

主机厂服务于全球市场，配件供应链的责任更大，其配件库存策略如图 6-11 所示，他们要求经销商重点保证把单价低、需求频率高的配件，而主机厂配件中心库重点保证单价高、需求频率低的库存。

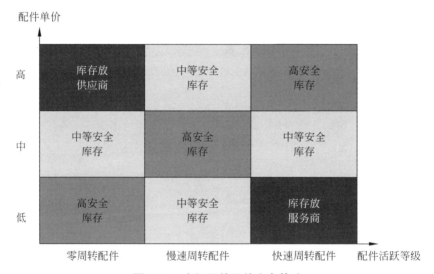

图 6-11　主机厂的配件库存策略

主机厂与经销商的库存策略应该有所差异，10.6 节将讨论主机厂、供应商和经销商之间如何分担配件库存责任，实现库存协同，降低物流成本，避免重复库存所造成的浪费。

6.5 不同库存结构背后的理念差异

通过比较我们发现，主机厂的配件库存结构通常为金字塔形，而经销商或服务商的配件库存结构则有两种，即正金字塔结构和倒金字塔结构，如图 6-12 所示。

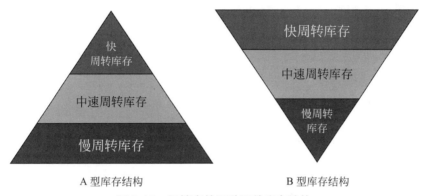

图 6-12　经销商的两种配件库存结构

很多经销商的配件库存与主机厂一样，是 A 型结构，快周转库存少，慢周转库存多，主要原因是库存计划做得不好，库存错配导致慢速周转配件总是滞留在仓库中。显然，B 型库存结构对经销商来说更健康，大量快周转库存、少量慢周转库存能够提升资金利用率，保证了配件业务的回报率和可持续发展。

经销商的库存结构受到主机厂配件采购政策的影响。很多国际知名企业与经销商之间建立了长期的合作伙伴关系，不仅帮助经销商做好库存计划，而且制定了呆滞库存退库政策，以保持经销商库存健康。他们很清楚，一旦配件库存出现问题，不仅会影响经销商的可持续发展，还会对客户满意度和品牌影响力造成负面影响。主机厂必须制定合理的价格和政策，帮助经销商健康发展。

由于发展历史不长，一些国产品牌主机厂在帮助经销商可持续发展方面经验不足，很多配件政策是以主机厂为中心制定的，将配件采购任务与整机返利挂钩，无论经销商是否能够实现销售，都必须完成采购任务。

一些中国主机厂给经销商的配件采购任务很重，还经常更换设备型号，不仅造成老型号的配件积压，还缺少配套的配件退库政策，导致经销商过剩和呆滞库存比率很高。所以，当主机厂为其新产品投放做初始库存时，经销商应该要求他们给出初始库存的退库承诺，一旦无法实现销售应该原价收回。另外，由于设备改型、更换供应商等原因造成的库存呆滞，主机厂应该承担责任，配件回购是国际品牌的标准操作。

帮助经销商建立 A 型库存结构还是 B 型库存结构，体现出主机厂两种不同的合作理念。把经销商看作长期合作伙伴，主机厂就会想方设法帮助他们经营得更健康，让库存保持 B 型结构。

如果只把经销商看作短期生意伙伴，甚至看作客户，主机厂就会争取自己利益最大化，经销商的库存就会逐渐变成 A 型结构，呆滞比例越来越高，自由现金流越来越少，甚至会影响到客户亟须配件的采购。

经销商库存呆滞，后市场发展不好，对主机厂又有什么好处呢？

认知误区	要保证 90% 的配件现货率，每一种配件都要实现 90% 的现货率目标。
重新定义	对配件进行分类，快速周转配件要库存充足，保证高现货率；慢速周转配件要少存或不存，现货率要低；不存储零周转配件，实施差异化的库存策略才能保证配件现货率和健康的库存结构。

第 **7** 章

三箱库存模型

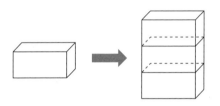

原来的方法行不通?
那就换支笔写。

虽然没有人能预知未来，预测出哪台设备何时何地会发生何种故障，但是大数定律告诉我们，当设备数量足够多时，设备故障和配件需求就会呈现出必然的规律，需求预测的本质就是大数据的挖掘，配件销售的历史数据为我们提供了窥视未来客户需求的线索，库存计划的每一个决定都应该是建立在数理统计与概率论基础上的判断。

毕马威前董事总经理特里·沃尔斯（Terry Walls）说："客户服务组织未来的成功取决于他们不断进行预测的能力。"预测的基础是数据，在这个快速变革的大数据和人工智能时代，数据和预测对于服务组织来说越来越重要。

7.1 需求预测的数理统计基础

我们可以统计过去 N 个时间节点（如 12 个月或 24 周）的配件销售数据，N 就是数据样本量，用移动平均法计算出这种配件需求的平均值（或加权平均值），以此作为预测未来该配件需求量 μ 的参考值，即

$$\mu = \frac{\sum\limits_{i=1}^{N} x_i}{N} \qquad (7\text{-}1)$$

例如，如果数据样本是某种配件过去 12 个月的出库（销售）数据，则该配件平均需求量 μ 的参考值为

$$\mu = \frac{x_1 + x_2 + \cdots + x_{12}}{12}$$

式中，x_1，x_2，$\cdots$，x_{12} 为每月的出库量；μ 为 12 个月需求量的平均值。

每个月的实际需求量围绕着需求的平均值上下波动（图 7-1），存在一定的偏差。所以，在做库存计划时，要围绕着需求量的平均值来进行，这正是需求预测中确定的部分。

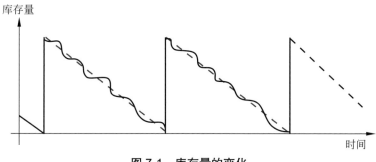

图 7-1　库存量的变化

而不确定的部分则表现为实际需求与需求平均值的偏差，用标准差（standard deviation）σ 来衡量，这是一种数据分布离散程度的度量标准，用来衡量数据值偏离算术平均值的程度。安全库存与需求预测的标准差成正比，用来补偿预测偏差，以避免发生缺货情况。

所有的预测都存在误差，但有误差的预测也比没有预测要好，没有预测就意味着有很多预测。根据需求样本 x_i 及其平均值 μ，我们可以计算出需求量预测值 μ 的标准差：

$$\sigma = \sqrt{\dfrac{\sum\limits_{i=1}^{N}(x_i - \mu)^2}{N-1}} \tag{7-2}$$

标准差反映了需求的离散性，标准差越小，数据偏离平均值就越少；标准差越大，数据偏离平均值就越多。

【例 7-1】某种配件 12 个月的需求数据见表 7-1，请分析库存量与配件现货率的关系。

表 7-1　某种配件 12 个月的出库记录

月份	1	2	3	4	5	6	7	8	9	10	11	12
需求量 / 件	55	60	42	39	46	58	76	29	44	93	37	21

该配件的需求平均值 $\mu=50$ 件 / 月，标准差 $\sigma=20$ 件 / 月（图 7-2）。假设配件的补货周期为 1 个月，如果我们按照每月 50 件平均需求量来做库存计划，根据概率只能保证 50% 的配件现货率，这显然是太低了。所以，仅仅使用需求的平均值来做库

存计划是不够的。

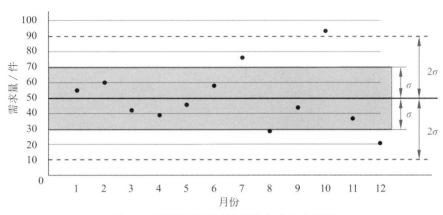

图 7-2 配件需求的平均值及安全库存设置

如果我们按照 σ 标准差来增加一个安全库存，即把库存量提高到 70 件（$\mu+\sigma$），则能够保证 84.1% 的配件现货率。如果我们按照 2σ 标准差来设置安全库存，将库存量增加到 90 件（$\mu+2\sigma$），就能保证 97.7% 的配件现货率。换句话说，在 2σ 标准差的安全库存条件下，配件的缺货率就能降低到 2.3%（图 7-3）。

配件缺货率的公式为

$$配件缺货率＝1-配件现货率 \tag{7-3}$$

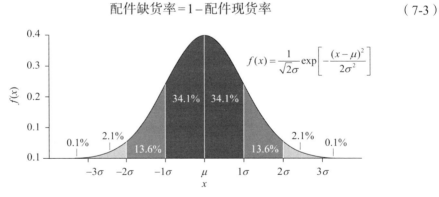

图 7-3 配件需求的正态分布曲线

如果按照 3σ 标准差来设置安全库存，将库存量进一步增加到 110 件（$\mu+3\sigma$），就能保证 99.9% 的配件现货率。由此可见，增加安全库存能够提升配件现货率，这样做的代价就是库存量增加，见表 7-2。库存计划人员需要确定合理的配件现货率和安全库存，否则增加不必要的库存就可能产生呆滞风险。

表 7-2　库存量与配件现货率的关系

库存量 / 件	0	10	30	40	50	60	70	80	90	100
现货率 /%	0	2.3	15.9	30.9	50.0	69.2	84.1	93.3	97.7	99.4

库存量与配件现货率之间的关系如图 7-4 所示。

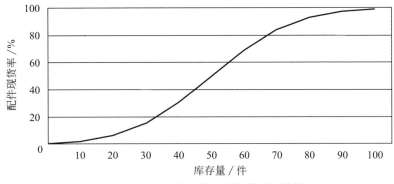

图 7-4　库存量与配件现货率的关系曲线

就像我们在啤酒游戏中所观察到的那样，根据历史数据预测未来需求，总是存在一个滞后效应，如果再叠加上信息的不对称，所造成的"牛鞭效应"将更加严重。

单纯根据需求数据做预测，然后调整库存量，是一种被动的反应。计划赶不上变化，这种做法永远会慢半拍，还会因需求改变而造成库存积压。

库存计划不等于需求预测，因为预测存在不确定性和偏差。库存计划不是把需求预测做得更准，而是通过库存模型计算安全库存来补偿预测偏差，是一种主动应对的方法，在预测存在偏差的条件下，仍然能够实现适当的配件现货率，保证客户满意度。有效的模型不在于高深的理论，而是让熟悉的工作与流程产生新的关联。

7.2　交货期、补货点与经济订货量

如果把配件仓库比作一座水库，库存管理就类似水位控制，把库存量维持在最高水位和最低水位之间，既不要超过最高水位以免过剩，也不要低于最低水位以免缺货。当水位低于某个特定值的时候，就需要从上游及时补充水源，这样才能避免

缺水。这个最高水位就是健康库存水位,最低水位就是安全库存,而那个特定值就是补货点。

我们可以借助水库水位控制的思路来优化配件库存计划。

7.2.1 交货期

交货期(lead time,LT)是从订货到收到货物之间的时间间隔。配件订单发出后,企业并不能马上收到配件,而是要经过订单处理、包装、运输、到货检查、入库等环节后配件才能变成可支配的库存。所以,配件库存量中必须包含交货期中间的需求量,才能避免缺货。

7.2.2 补货点

补货点(re-order point,ROP)也被称为再订货点,就是确定什么时候需要订货来补充库存,以避免缺货。影响补货点的第一个因素就是库存消耗的速度,第二个因素是交货期的长短,第三个因素是为了避免因需求和交货期不确定性造成缺货而增加的安全库存,如图 7-5 所示。

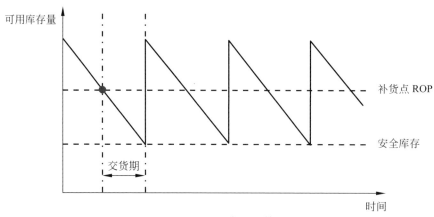

图 7-5 补货点的计算

库存放多了会占用资金和空间,放少了又可能缺货,补货点就是为了避免缺货而调节库存量的最佳控制点。定量订货系统中,当库存水位降到这一点时就需要补货,而补货点就是安全库存加交货期中间的需求量。

7.2.3　经济订货量

在确定订货量时需要考虑两种成本，即订货成本和库存持有成本。订货量越大，单位货物的订货成本就越低。有时因急需某种配件，就需要安排车辆专门去采购和运输，导致订货成本很高。由于库存持有成本与库存量成正比，订货量越大，持有成本越高，而最佳值就出现在订货成本等于持有成本时（图7-6），此时的订货量就是经济订货量（economic order quantity，EOQ）。

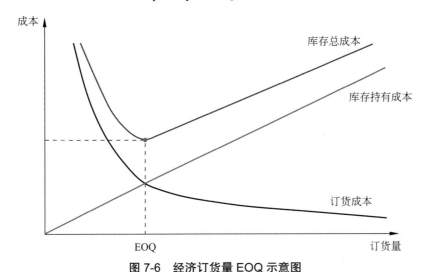

图 7-6　经济订货量 EOQ 示意图

假设每次配件的订货量为 Q，则年平均库存量为 $Q/2$，配件年度需求量为 D，每次订货成本为 S，配件的持有成本为 H，则配件订购成本 $=S(D/Q)$，库存持有成本 $=H(Q/2)$。当配件订货成本等于库存持有成本时，订货量 Q 就是库存成本最低的经济订货量 EOQ，即

$$S(D/EOQ)=H(EOQ/2)$$

则

$$EOQ=\sqrt{\frac{2DS}{H}} \qquad (7\text{-}4)$$

理论上讲，如果需求是确定的，补货点 ROP 就是交货期中间的需求量。考虑到需求的不确定性，补货点需要再增加一个安全库存，一旦库存水位降到补货点，就需要补充库存，而经济订货量 EOQ 就是补货量的最佳值，见图7-7。

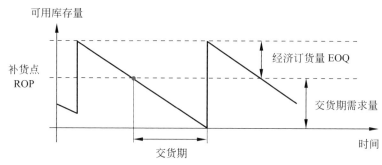

图 7-7　定量订货系统示意图

【例 7-2】某服务商每年销售约 9 600 条装载机轮胎，每年轮胎的持有成本为 16 元 / 条、订购成本为 75 元 / 单，请确定轮胎的经济订货量 EOQ。

这种轮胎的经济订货量为

$$\text{EOQ} = \sqrt{\frac{2DS}{H}} = \sqrt{\frac{2 \times 9\,600 \times 75}{16}} \text{ 条} = 300 \text{ 条}$$

通常配件订购有批量折扣，订货量越大，折扣就越高。由于配件单价与订购批量相关，式（7-4）已不再适用，当然订货时也不能简单地选择最高批量折扣，一些企业就是因为追求高折扣而大量采购，结果造成了库存积压和呆滞。

正确的做法是，分别计算出不同批量折扣条件下的总库存成本，通过比较选出成本最低的订货量，这就是折扣条件下的经济订货量。下面我们用一个实例来说明这种计算方法。

【例 7-3】某经销商下一年度润滑油的销售计划是 2 000 桶润滑油，润滑油每年的库存持有成本为库存金额的 30%，订购成本为 60 元 / 单，润滑油的采购价格（含运费）与订货批量关系见表 7-3，试确定折扣条件下润滑油的经济订货量 EOQ。

表 7-3　润滑油采购批量折扣价格表

价格	订货量	采购单价
价格 1	1~199 桶	100 元 / 桶
价格 2	200~799 桶	97 元 / 桶
价格 3	800 桶以上	94 元 / 桶

首先，我们计算在不同折扣条件下每年润滑油的总库存成本（total cost，TC）：

$$\text{总库存成本（TC）= 持有成本 + 订购成本 + 采购成本} \tag{7-5}$$

当订货量为 100 桶时，单价为 100 元 / 桶，则总库存成本为：

$TC_1 = (100/2) \times 100 \times 30\%$ 元 $+ (2\,000/100) \times 60$ 元 $+ 2\,000 \times 100$ 元 $= 202\,700$ 元

当订货量为 200 桶时，单价为 97 元 / 桶，则总库存成本为：

$TC_2 = (200/2) \times 97 \times 30\%$ 元 $+ (2\,000/200) \times 60$ 元 $+ 2\,000 \times 97$ 元 $= 197\,510$ 元

当订货量为 800 桶时，单价为 94 元 / 桶，则总库存成本为：

$TC_3 = (800/2) \times 94 \times 30\%$ 元 $+ (2\,000/800) \times 60$ 元 $+ 2\,000 \times 94$ 元 $= 199\,430$ 元

根据以上计算可以画出不同订货量的总库存成本曲线，如图 7-8 所示。

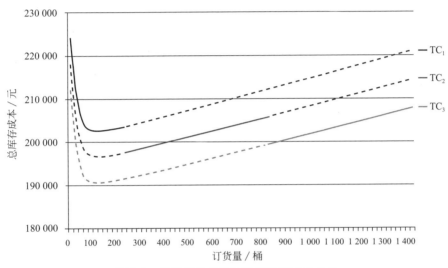

图 7-8　批量折扣条件下的总库存成本曲线

比较图 7-8 中的总库存成本曲线发现，选择最低折扣的价格 1 和选择最高折扣的价格 3，总库存成本都不是最低的。当订货量为 200 桶时，总库存成本最低，为 197 510 元。所以，经济订货量 EOQ＝200 桶。

所以，当服务商遇到厂家打折促销时，切忌盲目追求最高折扣，首先要评估市场需求，看多久可以消化这些库存，然后再计算不同折扣条件下的经济订货量，最后做出理性的选择。

7.3　定量订货系统与定期订货系统

普通家庭在补充日用品时，会采取两种不同的订货系统，例如卫生纸，有些家庭关注卫生纸的库存，当剩余的卫生纸不到一大包（10 卷）时，他们就会去超市购

买一大包回来，以确保不会缺货。这是一种连续监控的定量订货系统，随时监控库存的变化，一旦库存量达到补货点，就需要补充库存，以免缺货。但每次补货都需要去一趟超市购买卫生纸（相当于支付订货费用和运费），如果批量太小就不合算。

定量订货系统适用于品类少、价值高的物品，这种订货方法要求连续监控库存状态，耗时费力。服务商配件库中的 SKU 成千上万，每种 SKU 的补货点也不相同，采用定量订货系统可能每天都需要补货，给供应商和库存计划人员增加工作量。考虑到人工和运输成本，定量订货系统就可能失去了经济性。

有些家庭平时工作很忙，他们习惯于每个周末或月底查一下家里缺什么日用品，然后列出清单，一次性去超市采购回来。他们心里通常有一把标尺，例如，家庭每月平均消耗 5 卷卫生纸，一大包卫生纸能够满足其 2 个月的需求，所以他们每个月底都会检查剩余卫生纸的数量，然后购买并补充到一大包卫生纸的库存。以此类推，其他常用的油、盐、酱、醋等也会补充进来，避免缺货，这就是定期订货系统。

便利店每天晚上下班之前，店员都会对商品的数量进行一次盘点，并与每种商品的库存水位进行比较，缺多少补多少，补充到该商品的库存水位。第二天一早，一辆配送货车会准时运来需要补充的货物。每种商品的库存水位都是根据需求数据计算确定的，确保了商品在过剩与缺货之间的最佳平衡。在 7.5 节中，我们会介绍如何计算健康库存水位。

便利店就采用了这种定期订货模式，补货周期仅为 1 天，所以市场需求的任何变化都可以在第二天加以调整，这使得便利店对客户需求反应敏捷，经营非常灵活，既保证了客户满意度，又避免了库存过剩。

日本 7-Eleven 甚至为便利店安排了 1 日 3 次配送鲜食，这进一步降低了便利店的库存压力，还可以根据需求变化迅速地做出反应。例如：今早突降大雪，早餐销量降低了 50%，便利店可以马上调整午餐的订货量，避免过剩。由于 7-Eleven 的补货周期很短，便利店不需要存放过多的商品库存，理论上库存只需要 1 天的需求量外加一定系数的安全库存，就可以满足市场需求。有高效的补货系统作为保障，便利店节省了大量资金和空间，提升了库存周转效率。

对于汽车、农机和工程机械经销商来说，主机厂和供应商通常采用定期订货系统，将订货时间固定，例如，每周订货 1 次，每天允许品牌旗下 1/5 的经销商订货，经销商无须为库存订单支付任何订货和运输费用，除非订单金额太低。这种做法既可以让主机厂的订单工作量均衡，又给经销商施加一定的压力，要求他们做好库存计划。

服务商从供应商那里的订货周期为 T，订货之后还需要经过一个交货期（LT）才能收到配件。这样，服务商的配件库存不仅要包含订货周期的需求量 TD，还必须包含交货期的需求量 LTD，否则就可能出现缺货。

图 7-9 中的库存变化是一种需求稳定的理想情况，当可用库存量降为零时，补充的库存正好到达。可一旦需求不稳定，仍然可能出现缺货的情况，如图 7-10 所示。

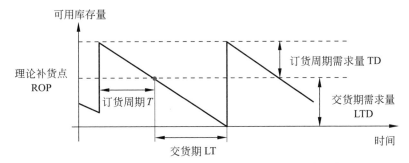

图 7-9　定期订货系统包含订货周期和交货期的需求

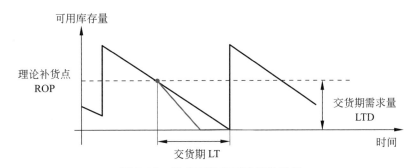

图 7-10　需求不稳定可能导致缺货

如果由于天气变化导致交货延迟，同样可能出现缺货，如图 7-11 所示。

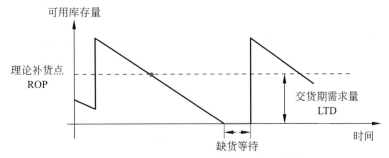

图 7-11　交货期的不确定性也可能导致缺货

为了抵消需求不稳定和交货期不确定所造成的不利影响，服务商通常会增加一个额外的安全库存来避免缺货，以保证更高的配件现货率。

服务商在订购配件库存订单时，通常并不需要向主机厂或供应商支付额外的订货费用。当订货成本为零时，图 7-6 中的库存总成本就等于库存持有成本，假如这种配件每年的总需求量为 D，则定期订货系统 EOQ 的计算公式为

$$定期订货模型的 EOQ = \frac{年度总需求量\ D}{每年订货次数\ n} \qquad (7\text{-}6)$$

此时，经济订货量 EOQ 就等于订货周期需求量 TD（图 7-9）。

表 7-4　定量订货系统与定期订货系统的特点比较

比较项目	定量订货系统	定期订货系统
订货量	固定，为 EOQ	变化
订货时间	达到补货点时	固定
库存记录	每次记录	盘点时记录
库存量	较小	较大
适用的配件	重要物资、高价值	一般物资，标准件

7.4　安全库存

安全库存（safety stock，SS）是为了应对需求不稳定和交货期不确定而额外增加的库存量，以保证更高的配件现货率。

任何需求预测都有误差，例如，卫生纸的需求往往比雨伞的需求更稳定，雨伞的销量在雨天时会大增，晴天时又会骤减。所以，雨伞就需要设置较大的安全库存，才能保证雨天不会缺货。

交货期同样存在不确定性，在全球化的背景下，很多产品和零部件在国外生产，运输、报关、天气、疫情和战争等因素都可能影响交货期，根据平均交货期计算出的库存量，遇到特殊情况时就可能出现缺货，就像疫情期间很多企业面临的供应链危机一样。

一些服务商非常在意客户体验，不希望出现缺货情况。这种要求会大幅增加安全库存，降低库存周转率，加重库存错配，影响企业的利润和现金流，最终还可能降低配件现货率。

设置安全库存与服务商的库存策略、经营理念和资金实力密切相关，配件现货率越高，需要的安全库存越大，还会影响到库存周转率。如果减少安全库存，提升库存效率，又可能降低配件现货率。可以说，设置合理的安全库存是库存计划人员的"看家本领"。

有不同的安全库存计算方法，有些方法算出的安全库存较大，有些方法算出的安全库存较小，采用哪种方法完全取决于企业的策略，因为最终结果会影响到配件现货率和客户满意度。服务商选择适合企业库存策略的方法，也必须对产生的后果承担责任。

7.4.1 平均值 – 最大值计算方法

这是一种相对保守的安全库存计算法，安全库存的计算公式为

$$\text{安全库存} = \text{最大需求量} \times \text{最长交货期} - \text{平均需求量} \times \text{平均交货期} \qquad (7\text{-}7)$$

【例 7-4】某服务商上一年机滤的销售数据见表 7-5。同样，该服务商也统计出上一年 10 批机滤采购订单的交货期（表 7-6）。请计算机滤的安全库存。

表 7-5　上一年机滤月销售量统计数据

月份	1	2	3	4	5	6	7	8	9	10	11	12
销量 / 个	900	1 000	800	1 100	900	1 200	900	1 100	1 100	1 000	800	1 200

根据表 7-5 中的需求数据，可以得到如下统计结果：机滤每月的平均需求量为 1 000 个，每天平均需求量为 32.9 个，最大需求量为 40 个 / 天，需求量变化的标准差为 $\sigma = 141.4$ 个 / 月。

表 7-6　采购机滤订单交货期统计数据

订单批次	1	2	3	4	5	6	7	8	9	10
交货期 / 天	38	37	38	40	33	28	37	36	36	36

根据表 7-6 中的统计数据可以计算出平均交货期为 35 天，即 1.15 个月，最长交货期为 40 天，交货期变化的标准差为 4.35 天，即 0.14 个月。

根据平均值 - 最大值计算方法计算出机滤的安全库存为

$$SS = 40 \times 40\ 个 - 32.9 \times 35\ 个 = 449\ 个$$

大约是 14 天的销量。

如果服务商对现货率要求很高，可以采用最大值 - 最小值计算方法计算安全库存，其优点是不容易缺货，缺点则是库存量较大，而且不知道这种方法能够实现多高的配件现货率。

7.4.2　正态分布计算方法

快速周转配件和中速周转配件需求频率较高，它们的需求概率呈正态分布曲线，大部分需求集中在平均值附近，如图 7-12 所示。

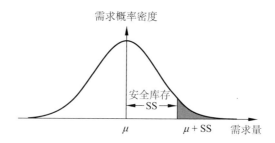

图 7-12　需求的正态分布线及安全库存

以例 7-4 中的机滤为例，过去 12 个月的平均需求量是 1 000 个，下个月的销量大概率也在 1 000 个左右，销量低于 500 个或高于 1 500 个的概率则要小得多。

如果仓库中只存储了 1 000 个机滤，下个月机滤的现货率仅有 50%，即小于 1 000 个的需求都能满足，大于 1 000 个的需求则无法满足，而根据正态分布曲线，下个月需求量小于 1 000 个与大于 1 000 个的概率正好相等，所以机滤的现货率是 50%。

机滤是常用的快速周转配件，50% 的现货率是远远不够的，服务商要提升机滤的现货率，就需要增加安全库存，安全库存系数可以根据 Excel 中正态分布函数的反函数 NORMSINV 计算，配件现货率为 95% 时，安全库存系数 z 就是 NORMSINV(95%)=1.64，见表 7-7。配件现货率为 50% 时，安全库存系数为 0，即不设安全库存时配件现货率只有 50%。

表 7-7　配件现货率目标与安全库存系数表

配件现货率 / %	安全库存系数 z
98	2.05
95	1.64
90	1.28
85	1.04
80	0.84
75	0.67
70	0.52
65	0.39
60	0.25
55	0.13
50	0.00
45	−0.13
40	−0.25
35	−0.39
30	−0.52
25	−0.67
20	−0.84
15	−1.04
10	−1.28
5	−1.64

使用正态分布计算方法，在安全库存与配件现货率之间建立起了联系，能帮助我们更好地理解安全库存与配件现货率之间的关系。

7.4.3 正态分布计算方法的讨论

对于不同活跃等级的配件，应该设置不同的安全库存，快速周转配件应设置较高的安全库存；慢速周转的配件应设置低安全库存。这样，服务商才能保证需求频率高的配件不会缺货，需求频率低的配件不易呆滞，表 7-8 就是其中的一种选择。

表 7-8 不同活跃等级配件的现货率和安全库存系数

活跃等级	配件现货率	安全库存系数 z
A	95%	1.64
B	85%	1.04
C	75%	0.67
D	50%	0.00

如果不同活跃等级的配件采用相同的库存策略，服务商的配件库存结构就会逐渐变成不健康的金字塔形状（图 6-12 中 A 型库存结构），因为快速周转配件消耗快，慢速周转配件消耗慢，很容易形成呆滞库存。

下面分三种情况讨论安全库存的计算方法。

1. 需求量变化，交货期不变

【例 7-5】假设例 7-4 中机滤的交货期为 1.15 个月，非常稳定，只有机滤需求不稳定（表 7-5），需求量变化的标准差 $\sigma_D = 141.4$ 个 / 月，要实现 95% 的机滤现货率，其安全库存为

$$SS = z\sqrt{LT}\sigma_D = 1.64 \times \sqrt{1.15} \times 141.4 \text{ 个} = 249 \text{ 个}$$

2. 需求量不变，交货期变化

【例 7-6】假设例 7-4 中的机滤需求量稳定，为 1 000 个 / 月，但交货期存在不确定性（表 7-6），交货期变化的标准差为 $\sigma_{LT} = 0.14$ 个月，则安全库存为

$$SS = zD\sigma_{LT} = 1.64 \times 1 000 \times 0.14 \text{ 个} = 230 \text{ 个}$$

3. 需求量变化，交货期也变化

【例7-7】如果例7-4中的需求量和交货期都存在不确定性，需求量变化的标准差 $\sigma_D=141.4$ 个/月，交货期变化的标准差 $\sigma_{LT}=0.14$ 个/月，则安全库存为

$$SS = z\sqrt{LT\sigma_D^2 + D^2\sigma_{LT}^2}$$
$$= 1.64\times\sqrt{1.15\times141.4^2 + 1\,000^2\times0.14^2}\ 个 = 338\ 个$$

在上面三个例题中，能够实现的机滤现货率均为95%。正态分布方法的优点是将安全库存与配件现货率之间建立起联系，是值得推荐的安全库存计算方法。在例7-7中，考虑到需求和交货期的不确定性，正态分布方法计算出来的安全库存为338个，比最大值－最小值方法算出的449个安全库存要小，说明最大值－最小值方法有更高的安全系数，可以实现更高的配件现货率。

【例7-8】一家服务商某种配件的平均需求量为400件/周，标准差为100件/周，交货期为4周。

（1）请确定该配件现货率为98%时的补货点ROP。

（2）假如服务商要求将安全库存减少一半，此时配件的现货率有多高？

配件现货率 SL=98%，对应的安全库存系数 $z=2.05$，则安全库存为

$$SS = z\sqrt{LT}\sigma_D = 2.05\times\sqrt{4}\times100\ 件 = 410\ 件$$
$$补货点\ ROP = 400LT+SS = 400\times4\ 件+410\ 件 = 2\,010\ 件$$

如果将安全库存减少一半，即安全库存系数减少一半，则有

$$z = 2.05/2 = 1.025$$

根据 Excel 中标准正态分布函数 NORMSDIST，配件现货率为

$$SL = NORMSDIST(1.025) = 84.7\%$$

安全库存减少一半后，配件现货率是84.7%。

【例7-9】某配件店销售机滤，店主采取的补库方法是：至少保证2个月销量的库存，一旦库存量低于这一水平，就再订2个月平均销量来补充库存。机滤的交货期为1个月，每个月机滤平均销量为150个，标准差为80个。请问：

（1）店主的补货策略能实现多高的机滤现货率？

（2）如果要实现98%的机滤现货率，该如何调整店主的库存策略？

机滤的补货点被设定为2个月的销量，即 ROP=150×2 个=300 个，交货期 LT=1个月，ROP=150LT+SS，则安全库存为

$$SS = ROP - 150LT = 300 \text{ 个} - 150 \text{ 个} = 150 \text{ 个}$$

根据 $SS = z\sigma$，可得

$$z = SS/\sigma = 150/80 = 1.875$$

则机滤现货率为

$$SL = NORMSDIST(1.875) = 97\%$$

所以，店主的补货策略能实现 97% 的机滤现货率。

要实现 98% 的机滤现货率，就需要增加安全库存，此时安全库存系数 $z =$ NORMSINV(98%) = 2.05，则安全库存 $SS = 2.05 \times 80 \text{ 个} = 164 \text{ 个}$

补货点由原来的 300 个增加为 $ROP' = 150 \times 1 \text{ 个} + 164 \text{ 个} = 314 \text{ 个}$，店主的补货方法调整为当机滤库存量低于 314 个时，就订购 2 个月的平均销量来补充库存，便可实现 98% 的机滤现货率。

7.4.4　泊松分布计算方法

快速周转配件和中速周转配件的需求符合正态分布特征，而随机性强、需求少的慢速周转配件并不符合正态分布。在统计学中，泊松分布是常见的随机离散分布，可以用于慢速周转配件的库存计划。

需求的平均值越大，泊松分布越接近于正态分布，如图 7-13 所示，其中横轴表示补货周期需求量的平均值 λ，纵轴表示概率。当平均需求量大于 5 时，正态分布更适用；当平均需求量小于 5 时，泊松分布更合适。

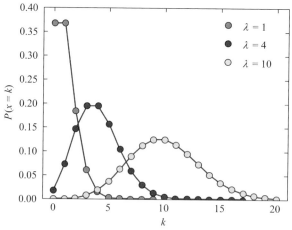

图 7-13　平均值 λ 越大，泊松分布越接近正态分布

在 Excel 中计算泊松分布概率的函数为 POISSON.DIST(x，λ，TRUE)，其中 x 是补货周期里累计需求量的上限，即健康库存水位，需求位于 0 和 x 之间，λ 是补货周期需求量的平均值，TRUE 表示这里计算的是累计概率。

【例 7-10】某服务商从供应商那里采购液压泵，补货周期为 1 个月。上一年液压泵每月需求量见表 7-9 所示。请问，服务商是否应该放液压泵库存？

表 7-9　上一年液压泵每月需求量统计数据

月份	1	2	3	4	5	6	7	8	9	10	11	12
需求量 / 台	0	0	1	0	1	0	0	0	0	0	1	0

显然，这种液压泵的需求随机性很强，每月需求的平均值仅为 0.25 台，$\lambda=0.25$ 台 / 月。

图 7-14 是根据泊松分布计算出的液压泵库存量与现货率的关系曲线。当库存量为 0 时，液压泵缺货的概率为 22.1%，当库存量为 1 台时，液压泵缺货概率仅为 2.6%，可见这种液压泵实现销售的概率很低，并不是只要有需求就必须放库存。对于这类价值高、周转慢的配件，如果我们期望的现货率为 80%，即缺货率为 20%，那么不放库存才是更明智的选择。

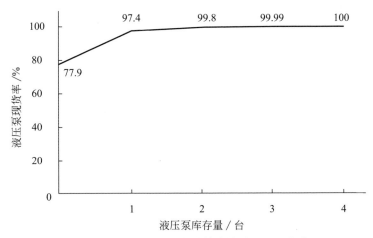

图 7-14　根据泊松分布计算出的液压泵现货率

很多慢速周转配件，例如液压泵、主控阀或柴油机总成等，价值高，需求随机性强。该放 1 个库存还是不放？不存可能缺货，存 1 个又容易呆滞。服务商常常陷入两难的境地。

这个世界并非只有黑白两种颜色，在 0 和 1 之间还有无穷多个小数。如果存，我们需要知道呆滞风险有多高；如果不存，也要评估缺货风险有多大，泊松分布方法能帮助我们回答这些问题。例 7-10 中液压泵的呆滞风险远远超过了缺货风险，所以服务商不存这种配件才是更理性的选择。如果你担心缺货就盲目地把液压泵存入仓库，那就是在赌自己的运气。

7.5　三箱库存模型与健康库存水位

服务商制定库存计划以保证配件现货率，在使用定期订货系统时需要考虑以下三个因素：

（1）订货周期 T。假如服务商每周只允许订一次库存订单，订货之后一旦库存不足，只能安排加急订单，或者等待下次订货时再进行补充。所以，库存水位中必须包括订货周期的需求量。

（2）交货期 LT。交货期是从发出订单至收到货物的时间间隔。显然，库存水位中也必须包括交货期的需求量。

（3）安全库存 SS。在服务商的库存计划中，最大的挑战来自于需求和交货期的不确定性，所以库存水位中需要增加一个安全库存来补偿不确定所带来的预测偏差，避免缺货，保证服务的及时性。

确定安全库存需要考虑三个方面：①需求不稳定——需求波动越大，安全库存越大；②交货期不确定性——交货期越不稳定，安全库存越大；③配件现货率 SL——现货率期望值越高，安全库存越大。

需求预测是满足客户需求的第一道防线，预测做得越准，配件现货率越高，库存也更健康。安全库存是满足客户需求的第二道防线，当实际需求与预测结果之间出现偏差时，安全库存仍能在一定程度上保证满足客户的需求[11]。

很多服务商不知道如何设置合理的安全库存，只是盲目地增加库存量来提升配件现货率，这必然导致库存错配，呆滞库存不断增加。在库存周转率越来越低的压力之下，一些服务商又走向另一个极端，开展了轰轰烈烈的"降库存运动"，严格控制库存订单的采购，追求"零"库存，收到客户的订单后才采购配件，这种牺牲配件现货率和客户满意度的做法必然导致严重的缺货和客户流失。

那么，到底保持多高的配件库存才合适呢？是否存在一个健康库存水位来指导企业避免库存错配、降低无效库存呢？

订货周期需求量 TD 被称为周转库存（working stock），是保证在下一次订货之前不出现缺货；交货期需求量 LTD 被称为周转储备库存（working reserve），是避免补充库存到货之前出现缺货的合理库存量，可以根据历史需求数据的加权平均值计算。

周转库存加上周转储备库存就是补货周期的需求量。配件的实际需求随时变化，所以使用加权平均值计算出来的需求量可能存在偏差。因此，仅有周转库存和周转储备库存还不足以避免缺货。

为了避免需求预测偏差和交货延迟所造成的缺货风险，保证配件现货率，还需要增加安全库存，以保证在存在预测偏差的条件下，仍能够满足客户需求，周转库存、周转储备库存和安全库存加在一起，就是三箱库存模型，如图 7-15 所示。

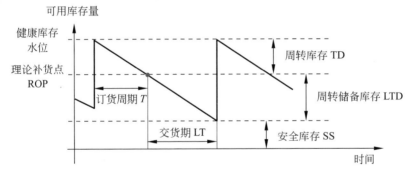

图 7-15　三箱库存模型和健康库存水位

每种配件的周转储备库存 LTD 与安全库存 SS 之和，就是该配件的补货点 ROP，虽然定期订货系统并不需要随时监测库存水位，低于补货点也不会立即补货，但"理论补货点"的概念能够帮助我们理解三箱库存模型的构成。

"理论补货点"与周转库存 TD 之和，就是每种配件的健康库存水位，即该配件合理库存量的最大值。每次订货时，补货量就是健康库存水位与可用库存水位之差，把库存补充到健康库存水位，高于此水位的配件库存都是不必要的，属于无效库存。

三箱库存模型考虑了配件库存可能受到影响的各种因素，例如，需求不确定性、订单交货延时、配件现货率、补货周期的需求量等。我们可以根据三箱库存模型计算出每种配件的健康库存水位，既保证了配件现货率和客户满意度，又避免出现库存错配。

笔者在前言中曾经谈到，生产中的零件计划有一条由进度表和零件图确定的基准线，根据基准线可以精准地计划零件库存，避免浪费。但是，售后服务中的配件需求随机性强，缺少一条明确的基准线，库存计划十分困难。现在，根据三箱库存模型确定的健康库存水位，实际上就是服务中库存计划的基准线，帮助服务商既保证了配件现货率，又避免了不必要的无效库存。

凭经验模式做出的配件库存计划，无效库存比率很高，大量的配件投资被浪费掉了。而根据三箱库存模型确定的健康库存水位，让服务商知道哪些配件需要补充库存，补充几个，哪些配件是无效库存，不能采购，这样就能节省很多资金，避免库存错配风险。

7-Eleven 便利店的店员每天盘点时手里拿的清单，就是健康库存水位，这是根据历史需求数据计算出来的清单，每种货品的数据不同，每个月的数据都在变化，所以健康库存水位也会随着时间、需求、交货期及配件现货率目标而改变。

这样，我们就把进销存系统进一步发展为三箱库存模型（图 7-16），不仅保证了库存数据的完整、准确，保证了货清、票清和款清，还能根据出入库数据计算出每种配件的健康库存水位，为库存计划提供了理论依据和实施指南。

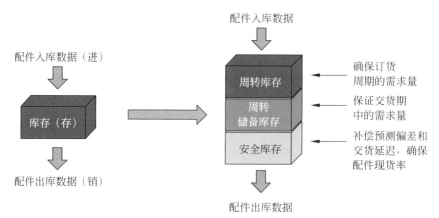

图 7-16　从进销存系统到三箱库存模型

【例 7-11】请根据三箱库存模型计算例 5-1 中的库存策略能实现多高的水泵现货率。该服务商保证 5 台水泵的库存量，低于 5 台就补足到 5 台，所以健康库存水位是 5 台。1 周补货周期的需求量为 2 台，所以安全库存为 3 台。

连续 12 周水泵需求量的统计数据见表 7-10。

表 7-10 水泵需求量统计数据

周	1	2	3	4	5	6	7	8	9	10	11	12
需求量 / 台	1	3	4	1	0	2	1	5	2	1	3	1

根据表 7-10 可以计算出水泵平均需求量为 $\mu = 2$ 台 / 周，标准差 $\sigma = 1.477$ 台 / 周，则

安全库存 $\mathrm{SS} = z\sqrt{\mathrm{LT}}\sigma = z \times \sqrt{1} \times 1.477$ 台 = 3 台

安全库存系数 $z = 3/1.477 = 2.031$

水泵现货率 $\mathrm{SL} = \mathrm{NORMSDIST}(2.031) = 97.9\%$

放置 5 台水泵的库存策略，能保证 97.9% 的水泵现货率，是一种非常保守的库存策略。

【例 7-12】某种配件 12 个月的历史需求数据见表 7-11，假如服务商订货周期为 2 周，交货周期也为 2 周，请计算 95% 现货率条件下这种配件的健康库存水位。

表 7-11 某种配件的历史需求数据

月份	1	2	3	4	5	6	7	8	9	10	11	12
需求量 / 件	7	13	11	18	21	16	28	18	23	15	13	9

由表 7-11 可以计算出该配件需求量是平均值为 16 件 / 月、标准差为 6 件 / 月的正态分布。根据三箱库存模型，这种配件的周转库存为 8 件，周转储备库存为 8 件，在 95% 的现货率条件下的安全库存系数为 1.64，则安全库存为

$$\mathrm{SS} = z\sqrt{\mathrm{LT}}\sigma = 1.64 \times \sqrt{0.5} \times 6\text{ 件} = 7\text{ 件}$$

这种配件的健康库存水位是：8 件 + 8 件 + 7 件 = 23 件。

假如仓库里存储了 28 件这种配件，在 95% 的配件现货率条件下就有 5 件是多余的，完全可以在下一个补货周期采购，提前放进仓库会占用资金，降低库存周转率。

综上所述，根据三箱库存模型可以计算出每一种配件的健康库存水位，这是一种平衡的库存计划方法，能够知道哪些配件不该存，或者有多少库存是不必要的，从而避免库存错配。

【例 7-13】某服务商要确定存储多少台液压泵，才能保证 90% 的现货率？

根据统计数据，该液压泵补货周期的平均需求量为 105 台，交货期需求波动的标准差 σ_{LTD} = 12 台。现货率为 90% 的安全库存系数 z = 1.28，则安全库存为

$$SS = z\sigma_{LTD} = 1.28 \times 12 \text{ 台} = 15.36 \text{ 台} \approx 16 \text{ 台}$$

为了保证配件现货率，计算出来的安全库存总是向上进位，因此

健康库存水位 = 补货周期需求量 + 安全库存 = 105 台 + 16 台 = 121 台

即存储 121 台液压泵就能保证 90% 的现货率。

如果该服务商放了 125 台液压泵库存，相当于安全库存增加到了 20 台，则

$$z = SS / \sigma_{LTD} = 20/12 = 1.67$$

125 台库存能够实现的液压泵现货率为

$$SL = NORMSDIST(1.67) = 95.2\%$$

增加安全库存就能提升配件现货率，但是过高的配件现货率也是一种库存浪费，库存计划人员需要判断这么高的配件现货率是否必要，否则就在付出不必要的代价。

【例 7-14】在例 7-4 中，采用平均值 - 最大值计算方法计算出机滤的安全库存为 449 个。请问：这么高的安全库存可以实现多高的机滤现货率？

假如需求量和交货期都存在不确定性，根据表 7-5 计算出需求量的标准差 σ_D = 141.4 个 / 月，根据表 7-6 计算出交货期的标准差 σ_{LT} = 0.14 个月，则安全库存为

$$SS = z\sqrt{LT\sigma_D^2 + D^2\sigma_{LT}^2}$$
$$= z\sqrt{1.15 \times 141.4^2 + 1\,000^2 \times 0.14^2} \text{ 个} = 449 \text{ 个}$$

根据正态分布方法，可以计算出此安全库存对应的安全库存系数为

$$z = 449 / \sqrt{1.15 \times 141.4^2 + 1\,000^2 \times 0.14^2} = 2.18$$

则机滤的现货率为

$$SL = NORMSDIST(2.18) = 98.5\%$$

可见，采用平均值 - 最大值计算方法设置的安全库存非常保守，只适用于快速周转配件，如果用这种方法计算中速周转或慢速周转配件的安全库存，就可能会出现较大的呆滞风险。

7.6 使用三箱库存模型降低错配风险

假如有一个投资项目，需要资金 1 000 万元。如果投资成功，一年后能带来 2 000 万元的收益；如果投资失败，投资额会分文不剩，你会选择投资吗？

我们首先要评估这个投资项目的成功概率以及自己能容忍的最大失败概率，这就是很多企业经常要面对的问题。例如，企业需要投资研发一种新产品，如果进展顺利，新产品投放市场后可能带来巨额回报；如果新产品的市场反响不好，巨额投资就会打水漂。你愿意承受多高的风险呢？

答案取决于我们自己。如果上述投资血本无归的概率为 50%，那么这项投资的预期收益将为零，因为赚到 2 000 万元的概率为 50%，期望的回报为 1 000 万元，什么都赚不到的概率也是 50%，恰好抵消了初始投资。在这种情况下，接受低于 50% 成功率的投资项目是不明智的。

配件生意不是赌博，但同样需要考虑库存投资回报率和呆滞报废的风险。假如目前配件市场的平均毛利率为 20%，投入 1 000 万元的配件库存，实现销售后能获得 250 万元利润，如果库存周转率为 4 次 / 年，则配件库存投资每年的回报就是 1 000 万元。

这样的投资看起来很划算，即使扣除 25% 的库存持有成本，仍能保证可观的投资回报率，还保证了客户满意度。配件库存卖出去能够获利 20%，一年周转 5 次就可能获得 100% 的回报。但是，如果卖不出去也可能损失 100% 的库存投资，关键在于库存计划做得好不好。

如果库存计划做得不好，库存错配严重，导致库存周转率只有每年 1 次，库存投资产生的收益是 250 万元，与库存持有成本相同，库存投资的预期收益率为零。所以，服务商必须关注库存周转率，库存周转太慢就无利可图。

多数服务商并不认为投资配件像赌博，即使回报率不高，至少投资额不会血本无归。事实果真如此吗？很多服务商当前面临的困境就是慢周转库存积压越来越多，库存周转率不断下降，库存风险不断升高，请问：当库存转不动时，你投资的配件库存还能值多少钱？

实际上，仓库中周转的总是那些快速周转配件，而呆滞配件永远无人问津。几年之后，那些一直积压在仓库里的呆滞库存残值还剩多少？呆滞库存贬值更快，库存持有成本也会更高，配件库存每年周转 1 次可能就无法盈利，这里用一个例题加以说明。

【例 7-15】假设配件毛利率为 20%，库存持有成本为 25%，某服务商的年平均库存成本为 C，配件库存中为周转库存、过剩库存和呆滞库存各占 1/3（很多服务商的配件库存结构比这个还要糟糕），周转库存每年周转 n 次，假设呆滞库存每年损失为 35%（要打折或报废处理，其贬值损失更大）。请问该服务商的配件库存至少要周转几次才不会亏损？

周转库存出库之后才会用到过剩库存，所以过剩库存的周转次数为 n−1 次 / 年。

20% 的配件毛利率意味着配件成本加价 25% 销售，则该服务商 1 年的配件总收益为

$$25\% \times n \times C/3 + 25\% \times (n-1) \times C/3$$

上述配件收益分别为周转库存和过剩库存的贡献，但呆滞库存没有周转，所以贡献为零。

该服务商 1 年中的配件总成本为库存持有成本及呆滞损失：

$$25\% \times C \times 2/3 + 35\% \times C/3$$

在临界点上，配件收益 = 库存成本，即

$$25\% \times n \times C/3 + 25\% \times (n-1) \times C/3 = 25\% \times C \times 2/3 + 35\% \times C/3$$

则

$$n = 2.2 \ \text{次} / \text{年}$$

这里 n 只是周转库存的周转率，整个仓库的库存周转率 n′ 为

$$n' = (2.2 + 1.2 + 0)/3 = 1.13 \ \text{次} / \text{年}$$

在上述条件下，服务商必须保证库存周转率不低于 1.13 次 / 年，配件业务才不会亏损，除非配件有更高的毛利率。如果呆滞比率更大，毛利率更低，则库存需要周转得更快才能保持盈利。不幸的是，呆滞比率增加只会让库存周转更慢，当服务商发现库存问题时往往已经为时已晚。

库存周转率越高，则配件投资回报率越高，服务商的库存周转率不应低于 4 次 / 年。可惜，很多服务商的库存周转已经低于 2 次 / 年，不要以为不做贬值处理库存就没有损失。很多服务商既看不到库存的风险，也不监控库存周转率，以为配件只要不丢、不少、不生锈，就没有损失，这完全是自欺欺人。

今天，很多服务商在库存错配的陷阱中苦苦挣扎，像温水煮青蛙一样，库存越来越大、周转越来越慢，可仓库里每一个配件都是他们自己决定采购的，库存有风险，存货当谨慎，你还在依靠经验模式做库存计划吗？

另一些服务商很早就发现了库存周转率这个毛利倍增杠杆，要求员工只存储快速周转配件，库龄超过 60 天都算呆滞库存。在这种库存策略指导下，服务商的库存金额持续下降，库存周转率上升，可产生的副作用也非常明显：配件现货率和客户满意度都在下降。虽然库存呆滞风险降低了，可客户流失风险上升了，缺少客户，你的配件卖给谁呢？

就像新西兰演员休·沃波尔所说："不要打安全牌，这是世界上最危险的事。"片面追求库存周转率或配件现货率都可能给企业带来伤害，最好的方法就是平衡的库存计划，避免库存错配，而三箱库存模型恰好给我们提供了有效的工具。

三箱库存模型是一种动态库存结构分类法，根据企业的库存策略和配件类型设定适当的现货率，随着配件需求数据的变化，不断调整每种配件的健康库存水位，从而实现自动补库。使用三箱模型算法的优点是能够更加精准地设置安全库存，既保证了配件现货率和客户满意度，又降低了库存错配风险。

7.7 专项交付服务 DDS 降低配件库存

从三箱库存模型可以看出，如果允许下游服务商随时订货，就能够省去周转库存。如果服务商能很快收到订购的配件，缩短交货期，则周转储备库存还能进一步降低，同时通过设置安全库存保证较高的现货率。

所以，提升配件现货率和客户满意度不仅是下游服务商的责任，上游主机厂和供应商也可以通过提高订货频率和缩短交货期来降低下游服务商的库存成本，提升配件运营效率。

【例 7-16】金宝汤集团（Campbell Group）通过增加物流配送、缩短交货期来降低库存成本，把调味品现货率由 98.5% 提升到 99.2%，同时库存量由 4 周降至 2 周，降低了一半。

假设每年的库存持有成本为 25%，节省 2 周库存持有成本折合的利润增加比例为

$$2/52 \times 25\% = 1\%$$

由于金宝汤集团经营的是快消类调味品，毛利率仅为 2%，通过提升配送效率降低库存成本增加了 1% 的毛利率，使毛利率增加到 3%，利润增长率为 50%！

由此可见，上游供应商缩短交货期和提高订货频率都能够帮助下游服务商降低库存成本，提高资金利用率，这也是快消品行业的成功秘籍。

今天，客户对服务及时性的要求越来越苛刻，而配件交付及时性直接影响到客户满意度，很多服务商将常用的服务配件现货率保持在 93% 以上，但仍然会遇到一些不常用的维修配件缺货。为此，北美工程机械某 OEM 主机厂增加了一个专项交付服务（dedicated delivery service，DDS），即设计固定的线路，覆盖其 78% 的经销商，为库存订单提供第 2 天或隔天到货的物流服务。

虽然专项交付服务比零担物流的费用稍高，却覆盖了需求量较大的核心经销商，让他们完全不必存储高价值、慢周转的配件，尤其是那些总成件，因为 DDS 可以确保在 48 小时内到货。

主机厂和供应商不应该只追求自身利益最大化，把配件库存压给下游服务商。服务商仅负责区域市场，慢速周转配件很容易形成积压，影响企业的现金流，而主机厂服务于全国市场，慢速周转配件放到更大的市场就会周转更快。

2006 年，笔者在担任某外资企业中国区服务副总裁时，就实行了配件退库政策，规定经销商每年可以按照采购价格的 8 折将呆滞库存退回主机厂，退库上限是上一年总采购额的 10%。这一政策不但盘活了经销商的呆滞库存，而且大部分退库配件在 12 个月内又实现了二次销售。

我们需要改变原有的思维方式，不要因为担心客户可能需要就把各种配件都存进仓库，服务商必须接受缺货不可避免这一现实，把库存重点放在快速周转配件和部分中速周转配件上。对于服务商来说，什么配件不能存进仓库可能更加重要，回答这个问题能帮助我们避免错配陷阱。

周转慢、价值高、随机性强的配件属于服务商非存储配件，应该放在主机厂或供应商的仓库里，在主机厂、供应商和服务商之间实现配件库存协同，以追求效率最大化（参考第 10 章"数智化转型将改变库存计划的模式"）。

认知 误区	没有人能预测未来，市场需求也无法预测。
重新 定义	配件需求有很强的重复性，这正是做库存计划的基础。库存计划不是把需求预测做得更准，而是通过模型算法设置安全库存来补偿预测偏差，最终实现期望的配件现货率。

第8章

配件库存的评估与优化

我知道有一半的广告费被浪费了，
但不知道是哪一半。

——约翰·沃纳梅克

服务商把配件放进仓库里，目的是满足客户需求，提升服务及时性，同时，配件销售以后还能为他们带来经济效益。当设备发生故障亟须修复时，配件有现货就能为客户节省时间，帮助服务人员迅速排除故障，赢得客户口碑。

在标准化、模块化和大规模制造的今天，物联网和智能监控的应用越来越广泛，判断设备故障是服务中的难点，而维修过程则越来越多地采用零部件更换的方式，这样做既保证了维修的速度和质量，又降低了服务成本，毕竟在野外露天条件下修理复杂的设备，清洁度和精度都难以保证，更换配件则避免了上述问题。因此，配件现货率直接决定了故障修复率和服务及时性，成为客户满意度的第一要素。为此，服务商投入大量资金来提升配件现货率，也为配件销售创造了条件。

按照线性思维模式，配件库存越多，满足客户需求的概率越高，配件销量也更大。但是，增加库存也可能降低配件运营效率，增加呆滞风险，而且增加库存并不总能提升配件现货率，有时甚至适得其反。

后市场配件供应链的传统模式是"守株待兔"，先把配件放进仓库等待客户上门。配件库存可以分为好库存和坏库存，能为客户节省时间、增加配件销售机会、还能为服务商带来效益的库存就是好库存。

还有一部分库存长期积压在仓库里，占用着资金和空间，客户却不需要，既没有为客户节省时间，也不能为服务商创造效益，还会产生呆滞损失。这样的库存就是坏库存。

配件秘诀公司（SparePartsKnowHow）指出："企业有约 1/3 的库存被浪费了，1/3 存放得太多，只有 1/3 是有效库存。问题是当企业把配件放进仓库时，却不知道哪 1/3 是有用的库存。"如果拥有库存计划的指导性原则，采购时就能分清哪些是好库存，哪些是坏库存，企业就能节省 2/3 的无效库存。否则等时间告诉我们答案时，为时已晚。

没有评估，又如何改善和优化库存？服务商也无法采取正确的方法来纠正库存计划中的错误。

8.1　配件库存的基本公式

评估配件库存，有一个基本公式：

$$期末库存 = 期初库存 + 采购金额 - 配件销售成本（COGS） \qquad （8\text{-}1）$$

如果采购金额超过配件销售成本（COGS），库存就会增加，期末库存就会大于期初库存。库存增加或减少并不意味着库存出现了问题，产品更新换代，配件销量大幅增长，库存也会相应增加。推出新产品和销量增长时，适当增加库存量是必要的，这能更好地满足客户需求，增加销售机会。

其实，如果把配件库看作一个独立的系统，采购量相当于系统的"输入"，配件销售成本（COGS）相当于系统的"输出"，一旦输出小于输入，系统自身的"体重"就会增加，期末库存就会大于期初库存。

重要的是保持健康的库存结构，合理地增加库存，健康库存水位以下都是好库存，存储要充足，尽可能接近健康库存水位，以避免缺货。但是，超过健康库存水位就是坏库存，要尽量避免。随着市场竞争加剧，产品快速迭代升级，副厂件竞争激烈，配件库存积压的风险也在上升。

因此，服务商必须经常监控库存周转率，评估期末库存增长的原因，决不能容忍库存随意增加。保持库存的健康，一方面要保持库存周转率不要下降，因为那是配件业务效率降低的信号；另一方面要及时监测无效库存比例，一旦比例上升，必须立即采取措施加以改善。

8.2　有效库存与无效库存

在第 7 章中，我们使用三箱库存模型将配件库存分为周转库存、周转储备库存和安全库存。周转库存、周转储备库存和安全库存之和被称为健康库存水位，即配件合理库存量的最大值，健康库存水位以下都是有效库存。安全库存降低了缺货风险，提升了配件现货率，也属于有效库存。

超出健康库存水位都属于无效库存，也就是错配库存，可能给企业带来损失。

有效库存是满足客户需求的必要库存，无效库存则是丰田及时生产系统中所说的库存浪费，存多了或存早了，很多服务商凭经验做库存计划，盲目增加库存来避免缺货，这种做法很容易产生无效库存。

无效库存又分为过剩库存和呆滞库存。过剩库存和呆滞库存没有统一的标准，一些行业按照存储时间来定义过剩库存和呆滞库存，有些主机厂把库龄超过 6 个月的配件称为过剩库存，超过 12 个月没有周转的被称为呆滞库存。有些主机厂甚至定义从来没有需求的库存才是呆滞库存，虽有需求，但库存量太大，超过一定需求量的库存就是过剩库存。

工程机械行业对过剩库存和呆滞库存的定义比较宽松，超过 12 个月配件销量的库存就是过剩库存，库龄超过 2 年没有周转的配件才定义为呆滞库存，矿山行业呆滞库存的定义则是 3 年。这样的定义过于宽松，很容易掩盖库存的呆滞风险，让服务商误以为自己的配件库存还很健康。

举例来说，仓库里有一些橡胶零件，如 O 形圈、液压软管、垫片和发动机座减震块等，这些配件的质保期是出厂后 36 个月，而且要求在恒温、恒湿和避光处保存。这类配件运送到服务商手里时，已经更换成小包装，包装上并没有出厂日期。考虑到服务商的存储条件和安全系数，质保期一般以入库后 24 个月为准。

按照工程机械或矿山行业的定义，当服务商发现这些橡胶件呆滞时，它们已经过了质保期，只能报废了。

库存评估的目的是改善库存结构而不是报废，上述"马后炮"标准就失去了评估的意义。

根据三箱库存模型，可以重新定义健康库存、过剩库存和呆滞库存，从而更准确、合理地进行库存计划，避免库存错配，如图 8-1 所示。

根据图 8-1，健康库存水位以下的都是健康库存，也称为有效库存；高于健康库存水位，但低于 12 个月需求量的就是过剩库存，而超过 12 个月需求量的都是呆滞库存！过剩库存和呆滞库存都属于无效库存。

笔者认为，过剩库存和呆滞库存与配件的需求量有关，与库龄无关。过剩库存一般在 12 个月内能够实现销售，风险较低，是存早了；呆滞库存则是超过 12 个月需求量的库存，从入库那天起就已经呆滞，因为 1 年后才有可能实现销售，风险较大，是存错了。服务商在采购配件时只要保证库存量不超过健康库存水位，就能在很大程度上避免无效库存。

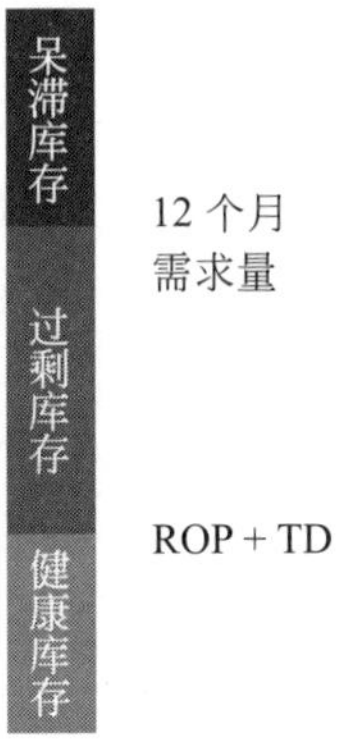

健康库存水位：
健康库存水位 = 补货点 ROP + 订货周期需求量 TD
健康库存（healthy stock）：
健康库存水位以下都是健康库存；
健康库存包括周转（储备）库存和安全库存
过剩库存 (excess stock)：
健康库存水位＜过剩库存≤12 个月的需求量
呆滞库存 (obsolete stock)：
＞12 个月需求量的库存都是呆滞库存

图 8-1　三箱库存模型与健康库存水位

【**例 8-1**】某服务商平均每个月销售 2 台启动马达，12 个月的销量就是 24 台。按照某些主机厂的定义，超过 12 个月配件销量才是过剩库存。所以，低于 24 台的启动马达都是健康库存，超过 24 台才是过剩库存。由于这种启动马达在市场上有需求，所以不存在呆滞库存。请分析这样的定义是否合理。

假设启动马达的订货周期和交货期均为 2 周，现货率为 90% 的安全库存是 1 个月的需求量，根据三箱库存模型，启动马达的健康库存水位就是 2 个月的需求量，库存超过 4 台就是过剩库存，超过 24 台就是呆滞库存！

由于启动马达需求量不大，补货周期为 1 个月，即最长 1 个月后就能拿到新订购的启动马达，所以其库存不应该超过 4 台，1 年中可以补库 26 次，没有理由存储过多的启动马达。

根据三箱模型的库存状态评估方法，就能发现一些主机厂的定义并不合理，新的评估方法能够帮助服务商提前预知风险，及时制止错误的做法。如果服务商为了享受批量折扣，超量采购了一批配件，在评估这批配件的预期销售时间后，就要马上组织促销活动，避免产生呆滞风险。

8.3 使用三箱库存模型减少无效库存

库存的质量关键在于库存计划的水平，放对的库存就能满足客户需求，为企业创造利润，让资金周转起来。反之，放错的库存不仅占用资金，产生呆滞风险，还会降低客户满意度。

　　库存计划的基础是三箱库存模型，由于市场需求不断变化，配件需求也会随着设备的开工率而改变。因此，根据需求数据和三箱库存模型计算出来的健康库存水位也会随时改变。我们可以通过增加最近 6 个月需求数据的加权系数及时做出调整，将无效库存降到最低，帮助服务商持续改善库存结构。

　　【例 8-2】某经销商的配件库存金额为 800 万元，库存周转率为 2.4 次 / 年。根据三箱库存模型计算出的健康库存水位，配件的库存金额仅需 350 万元，换句话说，实际库存中有 57% 是无效库存（图 8-2 和图 8-3）。

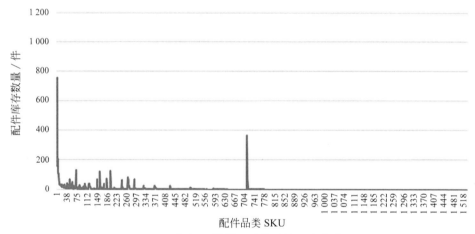

图 8-2　根据三箱模型计算的健康库存水位

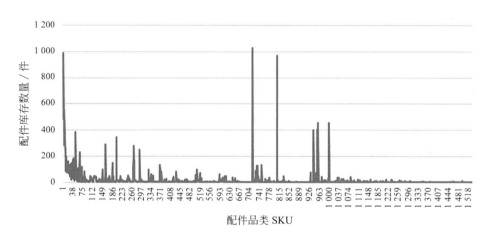

图 8-3　该经销商的实际库存水位

显然，依靠经验模式做出的计划无效库存比率太高，库存周转率较低，还影响了库存结构的健康，健康库存水位推荐的配件库存品类 SKU 只占实际库存品类 SKU 的 27%。如果按照三箱模型算法做库存计划，经销商就可能节省约 450 万元资金，同时降低库存风险，库存周转率还能提高到近 5.5 次 / 年。

由此可见，科学的库存计划算法能为企业带来效益，因为有效库存才能提升配件现货率，而无效库存对配件现货率没有任何贡献，是库存错配的结果。

库存计划首先要确定每一种配件的最佳现货率，然后计算出这种配件的安全库存和健康库存水位，最终确定配件的补库量。

每次做库存计划时，都会对现有配件库存的健康状况做出评估，一方面调整系统参数，让库存结构更加合理，避免过量采购，另一方面发现库存中的风险，通过退库、换货或打折促销，降低无效库存的比例。

无法从外观上判断好库存和坏库存，但可以根据数据使用三箱库存模型找到答案，算法能够告诉我们一切。因此，完整地记录配件库存数据十分重要。没有数据，就无法预测配件需求，也无法评估库存状态。

有些主机厂认为，配件只要有需求，就不是呆滞库存。这种认知存在很大偏差，假如某种配件 2 年中只销售了 1 件，可仓库里有 10 件库存，预计 20 年才能售完，它们当然就是呆滞库存。如果配件还有保质期，那么报废风险就非常高。

【例 8-3】某服务商的一款空气滤清器平均销量为 10 个 / 周，订货周期和交货期均为 2 周，在 95% 配件现货率的条件下安全库存是 15 个。为了追求配件折扣，服务商一次性采购了 800 个空气滤清器，请问：库存中的这批空气滤清器分别有多少是健康库存、过剩库存和呆滞库存？

快速周转配件也会有呆滞库存吗？答案是肯定的。过滤器的过滤材质是纸，很容易受潮损坏，一般质保期仅为 12 个月，而 800 个空气滤清器平均需要 20 个月才能售完，库龄超过 12 个月的过滤器很可能出现质量问题。

使用三箱模型对库存进行深入分析，发现如果库存过多，即使快速周转配件也可能出现过剩库存，甚至呆滞库存。让我们以上面空气滤清器为例来说明。

首先，这种空气滤清器的安全库存是 15 个，周转库存和周转储备库存为 (2+2) × 10 个 = 40 个；

健康库存水位为 20 个 + 20 个 + 15 个 = 55 个；

每年空气滤清器销售量的预测值为 52 × 10 个 = 520 个；

过剩库存为 520 个 – 55 个 = 465 个；

超过 1 年销量的空气滤清器库存为 800 个 – 520 个 = 280 个。

由于这批空气滤清器库存量过大，其中有 55 个是健康库存，465 个是过剩库存，280 个是呆滞库存！

一些库存计划人员以为空气滤清器需求频率高，就一次性购买很多，免得出现缺货，这是不负责任的做法。800 个空气滤清器无效库存比率高达 93%，不仅占用大量资金，还会产生呆滞风险。在双碳经济和节能环保的背景下，柴滤、机滤和空气滤清器的需求会不断减少，仓库里那些过剩库存很可能面临呆滞风险。

8.4 配件库存管理中的"相对论"

20 世纪 90 年代，波士顿咨询集团的两位咨询顾问乔治·斯托克和托马斯·豪特出版了一本书——《基于时间的竞争》，核心理念就是竞争是基于时间的，而不是成本。"时间是商业竞争的秘密武器，由于反应时间导致的优势将带动其他各种竞争优势。在最短的时间内以最低的成本创造最大的价值是企业成功最新的模式。"时间缩短，效率提升了，成本自然就会降低。

缩短补货周期就能降低库存成本，提升盈利能力，赢得竞争优势。基于时间的竞争诠释了配件库存计划的精髓。

受此启发，笔者提出了相对库存的概念：

$$相对库存 = \frac{实际库存水位}{健康库存水位} \tag{8-2}$$

从理论上讲，相对库存大于 1 说明库存过剩，存在积压风险；相对库存小于 1 说明库存不足，存在缺货风险；相对库存越接近于 1，则配件库存与市场需求的匹配度越高，相对库存偏离 1 越远，库存错配越严重。使用三箱模型算法做库存计划，就能确保相对库存在 1 附近。

根据需求量的均值计算出其 12 个月的年需求量，再除以健康库存水位，就是临界库存。相对库存在 1 与临界库存之间，说明库存过剩；相对库存超过临界库存，说明存在呆滞库存。

同样，配件库存也可以换算成相对库龄：

$$相对库龄 = 库存预期售罄时间 \qquad (8\text{-}3)$$

任何一种配件的库存，都可以根据平均需求计算出相对库龄。例如：根据三箱库存模型，某种配件的周转库存、周转储备库存和安全库存都是 1 个月的需求量，则该配件的健康库龄为 3 个月，即为健康库存预计售罄时间，每种配件的临界库龄都是 12 个月或 365 天。把库存量换算成相对库龄，就能确定库存的状态。相对库龄低于健康库龄的部分就是健康库存，在健康库龄和临界库龄之间说明存在过剩库存，超过临界库龄说明存在呆滞库存。

根据库存管理的"相对论"，把配件的实际库存换算成相对库存或相对库龄，就可以从相对库存和相对库龄两个维度来评估哪些是好库存，哪些是坏库存。相对库存越靠近 1，或相对库龄越接近于健康库龄，库存计划做得越好。反之，就会出现库存错配。

图 8-4 可以更直观地看清楚各类库存与相对库存和相对库龄的关系。

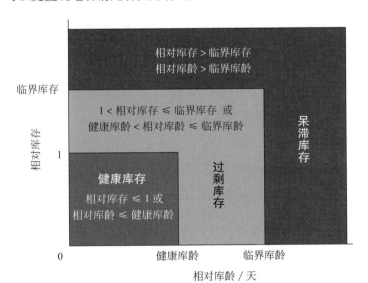

图 8-4　从相对库存和相对库龄评估配件库存状态

【例 8-4】根据销售统计数据计算出某种配件的平均需求量为 10 件 / 月，根据三箱库存模型计算出健康库存水位是 60 件，即 180 天的需求量，所以健康库龄为 180 天。如果存储了 100 件这种配件，相对库龄就增加到 300 天，说明配件中存在过剩库存。

如果库存量超过 150 件，相对库龄就超过了 450 天，其中必然存在呆滞库存！

库存周转天数就是配件库的相对库龄，相对库龄并不是越小越好，而是越接近健康库龄越好，这说明库存平衡做得好，库存错配也会更小。如果相对库龄远远小于健康库龄，说明库存不足，存在缺货风险；如果相对库龄远大于健康库龄，说明仓库中存在很多无效库存。

8.5　库存周转天数体现出库存管理水平

库存周转天数（或库存周转率）体现出一家企业的库存管理水平。国际通用的库存周转天数见表 8-1。

表 8-1　国际通用的库存周转天数（或库存周转天数）

企业类型	库存周转天数 / 天	库存周转率 /（次 / 年）
易变质的食品店	7～14	26～52
日用百货店	60～70	5.2～6.1
季节性零售店	90～100	3.65～4.06

日本 7-Eleven 便利店的鲜食采用 1 日 3 配送，多数鲜食在 1 小时内售出，其他干货的平均库存周转天数为 10 天，显示出卓越的库存计划和供应链管理水平。

2021 年度美国体育运动装备品牌安德玛（Under Armour）的财务报表见表 8-2。

表 8-2　安德玛公司 2021 年度的财务报表　　　　　千美元

项目	2021 年	2020 年
净销售额	5 683 466	4 474 667
年销售成本（COGS）	2 821 967	2 314 572
毛利润	2 861 499	2 160 095
净利润	360 060	−549 177
库存金额	811 410	895 974

$$库存周转率 = \frac{年销售成本（COGS）}{年平均库存} = \frac{2\ 821\ 967}{(811\ 410 + 895\ 974)/2}\ 次/年 = 3.3\ 次/年$$

平均库存周转天数为 111 天。

通常农机、工程机械和汽车服务商的配件库存周转率应该在 4 次/年以上，库存周转天数低于 90 天。如果没有达标，服务商就需要对库存结构进行优化，这也正是配件库存评估的意义所在。

8.6 持续优化库存结构

根据三箱库存模型和补货周期，可以精确地计算出每一种配件品类 SKU 的健康库存水位，与当前的可用库存比较来确定哪些配件需要补充库存以及补充的数量，哪些配件存在过剩库存或者呆滞库存，停止采购不必要的库存，采取必要的促销手段减少无效库存，从而有效地利用资金，持续优化配件库存结构。

库存优化的方法归纳如下。

8.6.1 记录真实的库存数据

改善库存错配的第一步就是真实、准确地记录库存数据。配件现货率和库存周转率是 2 个最重要的库存绩效指标，如果缺少统计数据，服务商就无法了解配件运营的情况，当然也无法改善库存结构，提升客户满意度。

科学的决策是建立在数据统计和分析基础上的判断，记录库存数据是实现数字化转型的基础，实时统计可靠的库存数据能够帮助服务商及时发现问题，改善库存结构。一些服务商虽然使用了进销存系统，却仍然不知道从哪里获取库存数据，当然也谈不上科学管理了。

库存周转率与配件现货率看起来是一对矛盾，但是，在大数据的帮助下，用更少的资金实现更高的配件现货率是完全可能的。我们以某服务商的配件库为例，分析库存中存在的问题。

【例 8-5】A 服务商的库存数据按照表 6-3 的定义进行了配件分类，见表 8-3。

表 8-3 A 服务商 2019 年 9 月配件库存统计数据

配件分类	库存数量 / 件	库龄 1 年内金额 / 元	库龄 1~2 年金额 / 元	库龄超过 2 年金额 / 元	库存金额 / 元	平均月销售额 / 元	库存消耗时间 / 月
A	25 133	831 794	119 592	429 192	1 380 578	293 286	4.7
B	3 604	52 873	24 249	267 056	344 178	45 309	7.6
C	7 981	63 269	92 476	355 583	511 328	47 755	10.7
D	17 093	126 274	103 060	1 456 309	1 685 644	132 855	12.7
合计	53 811	1 074 210	339 377	2 508 140	3 921 728	519 205	7.6

A 服务商补货周期是 1 个月（订货周期和交货期均为 2 周），根据出入库数据的变化可以计算出不同类型配件的实际库存水位，并与健康库存水位进行比较（图 8-5）。

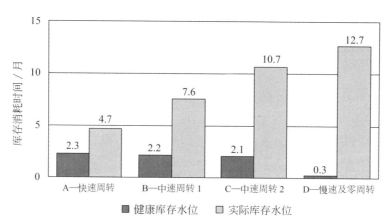

图 8-5 A 服务商实际库存水位与健康库存水位的比较

显然，A 服务商的实际库存水位远远超出了健康库存水位，库存错配严重，特别是 D 类慢速周转及零周转配件的库存量水位过高，平均需要 12.7 个月才能消耗完这部分库存，而算法推荐的 D 类配件库存水位仅为 0.3 个月的销量。

统计数据进一步显示，A 服务商仓库中有 2 804 种、9 219 件 D 类配件在 12 个月里没有周转，金额约为 90 万元，占总库存金额的 23%。A 服务商存储这些零周转配件的原因值得商榷，因为它们实现销售的概率极低，报废的风险极高。

由于盲目追求配件现货率和客户满意度，A 服务商存储了很多客户没有需求的配件，导致库存周转率仅有 1.6 次 / 年，库存效率很低。

8.6.2　聚焦 80% 的快速周转配件

根据配件分类法，服务商聚焦那些高频需求配件才是正确的做法，快速周转配件要多存、存足，慢速周转配件要少存或不存，把主要精力用来保证那些需求高、周转快的配件上，才能满足大部分客户的需求，产生更大的经济效益。

图 8-6 展示了 A 服务商配件品类 SKU 占比，仓库中有 4126 种配件属于 D 类慢速及零周转配件，占比高达 92.0%。由于担心缺货，A 服务商把库存重点放在了慢速周转配件上，这是不正确的做法，因为大多数 D 类配件属于非存储。假如仓库中没有存储 D 类配件，A 服务商就可以节省大量资金，配件业务的效率和投资回报率都会大幅度提升。

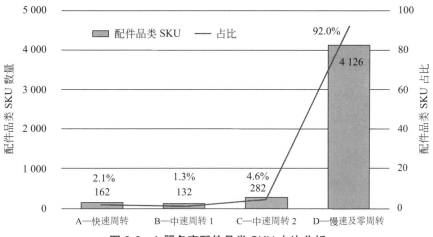

图 8-6　A 服务商配件品类 SKU 占比分析

像广告商一样，服务商也会感到困惑，哪些库存投资产生了效益，哪些库存投资被浪费了？三箱库存模型能够告诉我们答案。A 服务商在配件库存中投资了 392 万元，健康库存仅占 18.9%，即只有 74 万元的库存投资产生了效益；而过剩库存和呆滞库存占比分别高达 42.7% 和 38.4%，共 318 万元的库存投资被浪费了（图 8-7）。是不是很触目惊心？

A 服务商的配件库存动销率仅有 37.2%，说明超过 60% 的配件种类 SKU 没有需

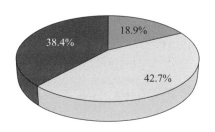

健康库存　　过剩库存　　呆滞库存

图 8-7　A 服务商各类配件库存占比

求。受到大量无效库存的拖累，GMROI 只有 0.4，即在配件库存中投入 1 元钱只有 0.4
元的回报，扣除库存持有成本后所剩无几。

8.6.3　清理慢周转和零周转库存

不少服务商存在一种错误观念，认为配件是铁家伙，多放几年没关系，很多配
件在仓库里存放多年，服务商舍不得打折处理，也从来不做坏账计提。结果是公司
看起来每年都在赚钱，自由现金流却越来越少。

一些服务商仓库里积压了很多呆滞库存，有些配件对应的机型已经退市，未来
新能源将彻底改变行业的形态，导致更多的配件退出市场，服务商应该每年处理呆
滞库存，因为它们占据着货架却不能创造价值，每年盘点还需要浪费人力物力。

因此，建议服务商定期列出 1 年以上零周转的配件库存清单，分析产生呆滞的
原因，避免重复同样的错误。超过 1 年的配件库存就开始打折促销，与其他服务商
信息共享，相互调剂，超过 2 年就需要考虑退库、换货或报废，处理得越早损失越小，
越舍不得处理损失越大。

笔者就遇到过这样的情形，某经销商负责两个省份，某种配件在 A 省仓库里呆
滞，而在 B 省却缺货。由于两个省的配件库存之间没有信息共享，B 省只能从供应
商那里又订了 1 个，导致了 A 省的库存继续呆滞，最终变成废铁。

8.6.4　接受慢速周转配件缺货

很多呆滞库存都是由于担心缺货才被存进仓库的。服务商必须学会取舍，接受
慢速周转配件缺货，降低这类配件的安全库存，才能保证快速周转配件的现货率，

平衡总体库存水平。

从图 8-8 可以看出，A 服务商快速周转配件金额占比较低，而慢速和零周转的 D 类配件占比却高达 43%！服务商应该尽量避免储存这类配件。显然，A 服务商以为各种配件都放库存，才能够提升客户满意度，结果导致了图 8-7 和图 8-8 不健康的库存结构。改善库存的第一步，就是改变错误的理念，否则就不可能做好库存计划。

零周转配件是服务商的非存储件，慢周转库存也要严格控制，高价值、慢周转的配件要通过与主机厂和供应商的协同来满足需求，切忌先存进仓库再说，那跟赌博几乎没有区别。试想一下，假如 A 服务商没有存储慢速和零周转配件，库存投资就能节省 43%，价值 169 万元，库存周转率将提升到 2.8 次 / 年，库存风险也会大大降低。

图 8-9 是 A 服务商的配件库龄分析，64% 的配件库龄超过了 2 年，风险很高。从库龄分析中发现，81% 的呆滞库存库龄超过了 2 年（图 8-10），这部分配件周转很慢，风险极高，实现销售的概率极低，需要尽快处理。

与此同时，约 1/3 的过剩库存是在 1 年内采购入库的（图 8-11）。换句话说，A 服务商近年来不仅积累了大量呆滞库存，而且仍在盲目采购，这只会让无效库存持续增加。使用库存数据和三箱库存模型算法，能够让企业发现自身的管理漏洞，立即停止上述错误的做法，才能改善和优化库存结构。

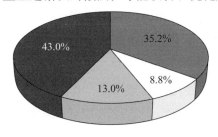

图 8-8　A 服务商的配件活跃等级分析

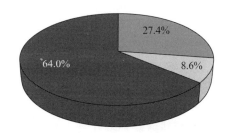

图 8-9　A 服务商的配件库龄分析

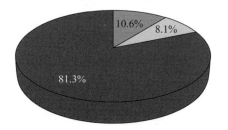

图 8-10　A 服务商呆滞库存的库龄分析

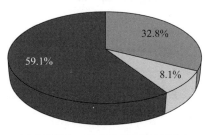

图 8-11　A 服务商过剩库存的库龄分析

通过对库存数据的分析，可以透视出库存结构和健康状况，企业对配件库存的认识也不再是"盲人摸象"。

将数据转化为信息，将信息转化为洞察力，能够帮助库存计划人员判断哪些配件需要补货，哪些配件不应该采购以及能够实现的配件现货率。

8.6.5 控制配件品类 SKU 和最小订货批量

配件品类 SKU 越多，满足需求越困难。例如，三星手机的种类很多，结果库存周转天数为 73 天，而苹果手机的种类很少，库存周转只有 9 天，库存周转效率是三星的 8 倍多。从策略上讲，型号少、批量大有利于配件的库存计划。

很多主机厂和供应商对服务商规定了最小订货批量，以便提高物流效率。但是，最小订货批量有时会干扰正常的库存计划，导致服务商的配件库存超过健康库存水位，从而产生大量超采和无效库存。

【例 8-6】某服务商的一种 O 形圈平均销量为 2 只 / 月，但是供应商的最小订货批量是 100 只 / 盒。请问该 O 形圈库存报废风险有多大？

该服务商 1 年销量只有 24 只，预计需要 4 年时间才能销售完这些 O 形圈，可是 2 年以后没有售出的 O 形圈就已经失效了，所以有超过一半的 O 形圈库存存在报废风险。

在这种情况下，服务商宁愿以较高的零售价采购 O 形圈，或者与其他服务商联手团购，也不要盲目批量进货，否则就要承担 50% 的报废损失。笔者曾经工作过的一家企业盲目采购 O 形圈，最后 90% 都报废了。

在构建供应链生态方面，主机厂和供应商应该学习 7-Eleven 的做法，把服务商作为合作伙伴和命运共同体，减小订货批量，缩短补货周期，快速应对市场变化，这也有利于提升客户满意度。

8.6.6 使用模型和算法改善库存计划

服务商应该将库存聚焦在 A 类和 B 类配件上，预测后采用可控实验进行假设检验，检验预测结果的准确度，然后调整模型参数，最终实现自动补库。很多企业的配件品类 SKU 有几万种，如果每次采购前都进行人工数据分析，逐行确定需要采购的配件及数量，不仅花费大量人力、物力，还容易出错。

从前每到月底，某国产品牌配件计划部的十几位计划员要忙 1 周时间来做补库计划，加班加点，效果还不佳。后来他们使用了 PTC 公司的库存计划软件，配件现货率从 85% 提升到了 92%，一个人只需要半天时间就能轻松完成。依靠算法软件做库存计划，节省下来的人力就可以从事更有价值的数据分析工作。

库存计划的正确做法是：通过假设和测试确定库存计划的模型及其参数（如安全库存系数等），然后通过算法自动计算补货量，再根据特殊需求（如新品初始库存、技改和产品召回等）进行调整。

8.6.7　缩短交货期，抑制"牛鞭效应"

通过与合作伙伴的数据共享和有效沟通，可以提高库存计划的准确性，抑制"牛鞭效应"。例如，当某个大客户需要出口一批设备到非洲施工时，通常也会采购一批配件库存随车发运。提前与客户和供应商沟通配件采购清单、预算和交货期，就能够提前做好计划，保证配件订单及时交付。

另外，选择物流公司时不能只考虑价格因素，优秀的物流公司能够保证稳定的交货期，降低不确定性，帮助下游服务商降低库存，否则他们就不得不增加安全库存来应对不确定性。

与物流合作伙伴优化交货流程，缩短交货期，就是对下游服务商的最大支持。

8.6.8　集中库存策略

为了改善配件供应的及时性，提升客户满意度，一些服务商尝试分散他们的配件库存，除中心库外，还在分公司和服务站设立了一些分库，让配件离用户更近，供应更及时。

这种想法的出发点虽好，效果却常常不佳。分库里通常只储存常用的保养件，维修件放多了资金压力大，放少了缺货情况严重，对紧急服务需求帮助有限，结果往往是库存大幅增加，问题依然存在。

　　库存越集中效率越高，越分散效率越低，在不同仓库之间的配件调拨还会增加物流成本。所以，建议将不常用的维修件集中存放在中心库里，分公司只存放保养件和易损件，根据维修保养计划提前备货，以便提升效率，降低成本。

认知误区	库存状态是根据配件库龄来定义的。
重新定义	库存状态不是按照配件库龄定义的，而是根据三箱库存模型及配件预期实现销售的时间来定义的。

第9章

库存计划中的哲学思想

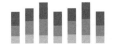

能量能够改变世界，
哲学思想也是能量的源泉。

作为生产资料的农机和工程机械，施工条件十分艰苦，对设备完好率要求苛刻。一旦设备出现故障就可能造成停工，影响生产，因此对服务及时性提出了很大的挑战。现在的维修基本上以更换配件为主，配件现货率就意味着服务及时性，配件缺货就意味着设备停机和客户不满。

没有客户愿意等待配件，为了留住客户，服务商必须努力提高配件现货率，这件事比我们想象得更复杂，很多库存问题是由于管理者缺乏正确的理念，导致事倍功半，造成经济损失。因此，讨论库存计划的哲学思想十分必要。

9.1 人体健康靠好习惯，库存健康靠好认知

先秦典籍《鹖冠子》中讲过一个春秋战国时期神医扁鹊的故事，他因为医术高超而远近闻名，常常被请去给帝王看病。

一天，魏文王看完病之后问扁鹊："听说你们家兄弟三人都精通医术，到底哪一位医术最好呢？"扁鹊答曰："长兄最好，二哥次之，我最差。"魏文王听罢十分诧异，不解地问："可是，为什么你的名气最大呢？"

扁鹊答曰："魏王有所不知，长兄治病，是治病于无形，循道而行则阴阳平衡，消除病灶产生的环境。二哥治病于病之初起，通过望闻问切、药物配伍、针灸推拿等恢复阴阳平衡，病就无从出现。人们以为他们只会治疗小病，所以名气只及于乡里。我治疗的人通常已病入膏肓，人们只看到我在经脉上放血、在皮肤上穿针、刮骨疗毒，就以为我医术最高。如果病人被我治好，抬着进来，走着出去，神医的名声便立即传遍千里，其实这是医术中的最低层次。"

扁鹊所说的大哥的医术正是中医里"治未病"的理念，避免得病是比得病后治疗更高的境界，这种理念在设备维护保养和配件库存管理中都有借鉴意义。定期保养设备，能够大大降低由于维修故障而导致的停工时间，避免了很多非计划性停工损失，降低了总的维保成本。

库存管理讲的也是三种方法："知""止"和"治"，这与扁鹊三兄弟的医术不谋而合。

"知"就是通晓库存计划的原理，通过需求预测和库存计划杜绝采购不必要的配件，平衡配件现货率与库存周转率，避免缺货和过剩，保持库存健康，这正是大哥"治未病"的理念。

"止"就是发现并改善库存计划中的问题，停止盲目采购，用概率论和数理统计的方法确定每种配件的健康库存水位，调整并恢复库存平衡，避免库存错配，这正是二哥"阴阳平衡"的方法。

"治"则是扁鹊的"刮骨疗毒"方法，如果以上两步没有做好，随着时间的推移就会产生严重的库存错配，结果只能通过"降库存运动"来减少呆滞库存——降价促销、打折或报废处理，虽然立竿见影，但是损失惨重。

健康的生活方式是通过合理的饮食和生活习惯避免生病，科学的库存计划则是通过平衡的计划避免库存错配。一旦发现健康问题，就需要及时改变不良习惯，避免病情恶化。库存也是如此，通过评估发现问题，立即停止错误的做法。动手术虽然能够切除病灶，但未必能够恢复健康。降库存运动虽然立竿见影，代价却极其高昂，配件打折或报废，不仅造成经济损失，多年来打造的品牌也会在一次次打折中贬值，所以扁鹊才说自己的医术最差，而大哥"治未病"才是医术的最高境界。

"知""止"和"治"是配件库存管理中的三个锦囊，企业应该采取哪种方法，答案显而易见，没有人愿意被抬进医院，服务商也不愿意采取库存打折和报废处理的下策。降库存运动后不久，库存常常又会卷土重来，根源还是库存计划方法不对。不"知"，不"止"，则不得不"治"，就会给企业带来巨大损失。

9.2 库存管理原则：管住"嘴"，迈开"腿"

很多病是吃出来的，见到美食就胡吃海塞，结果破坏了身体的平衡，使体重增加，毛病自然出现。与人体一样，呆滞库存也不会自己长腿跑进仓库里，采购了不正确的配件，出入库失衡，才会出现库存错配。

人体健康需要平衡饮食和锻炼身体，库存健康同样需要购销平衡和库存周转。一旦入库金额高于出库金额，库存就会增加，周转率就可能降低。反之，如果入库金额总是低于出库金额，库存就会下降，又可能出现缺货，影响客户满意度。

配件库存管理与人体健康管理的理念相同，无效库存就像是人体的脂肪，清理呆滞库存和坏账计提就相当于抽脂减肥，虽然立竿见影，却会伤害身体。如果计划做得不好，盲目增加库存，就像管不住嘴的人一样，库存（体重）增加将不可避免。

管住"嘴"是指不盲目采购、不超采、不早采，保证采购与销售之间的动态平衡。假如一家企业去年采购了 100 万元的配件库存，可销售出库成本只有 50 万元，采购与销售之间的差额一定留在了仓库里，导致库存量增加 50 万元，成为无效库存（脂肪）。

迈开"腿"则是指增加配件销售，改变"守株待兔"的坐商模式，主动以服务带动配件销售，积极促销满足客户需求，让配件库存快速周转起来，其中也包括积极处理呆滞库存，打折促销、企业之间调拨、退回供应商、报废和坏账计提等。

库存周转率是一个非常重要的效率指标，如果配件销量和库存金额同步增加，不一定会产生呆滞问题。库存周转率下降则意味着效率正在下降，即库存增加的速度超过了销售增长的速度，服务商必须分析原因并找到解决办法，否则呆滞库存就会增加。

放多少库存才能达到最佳平衡？答案就是健康库存水位。

9.3 多即少，少即多

笔者去拜访服务商时，企业的领导都喜欢向我展示琳琅满目的配件货架，告诉我仓库里有几千万元的库存，我心里总是在想："天哪！这么多的库存，到底是该高兴，还是该担心？"

配件销售机会与库存量之间存在一定的联系，让很多人误以为库存越充足，满足客户需求的概率越高，销售机会也越大，这一说法成立的前提条件是库存结构合理。如果存储的配件客户不需要，就无法提升销售机会，相反还会降低库存效率。所以"库存越充足，销售机会越大"是一种错误的观念。

只有有效库存才能满足客户需求，而无效库存只会成为企业的负担。凭经验模式做出的库存计划，常常是被动地应对市场变化，一旦出现短缺，便立即增加库存，一旦出现过剩，又努力减少库存，可是增加库存容易，减少库存很难，减少呆滞库存更难，最终导致库存错配更加严重。

服务商最缺的不是库存，而是资金，资金是有限的，库存越多，可支配的资金就越少。如果库存周转缓慢，甚至连补库的资金都可能不足，缺货就会更加严重。相反，如果服务商库存计划做得好，挤出库存中的"水分"——无效库存，就能节省出更多的资金购买需要的配件。

【例 9-1】某知名工程机械主机厂 W 事业部，2018 年开始采用智库管家®的三箱模型算法做配件库存计划，10 个月后配件中心库的库存减少了 1 000 多万元，与此同时，配件现货率却提升了 20%，说明有效库存更充足了。

这是一个很有说服力的真实案例，证明三箱模型算法能够提升库存效率，采购该存的配件，杜绝不该存的配件，既提升配件现货率，又增加库存周转率。所以，多即少，无效库存多了，资金就少了；少即多，无效库存少了，资金更加充足。

【例 9-2】B 服务商多年以来一直靠经验模式做配件库存计划，2012—2017 年的各类配件库存数据如图 9-1 所示，配件库存最高达到了 1 300 万元，库存效率很低。

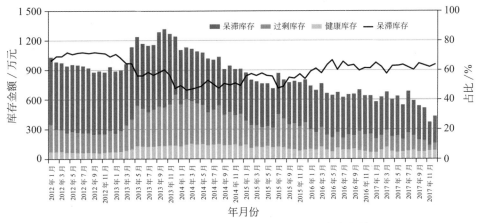

图 9-1　B 服务商 2012—2017 年的配件库存变化情况

根据三箱模型算法进行分析，发现 B 服务商呆滞库存问题严重，6 年中平均库存金额约 850 万元，平均每年配件销售成本为 1 200 万元，库存周转率仅为 1.3 次/年。近些年 B 服务商一直在努力降低库存，过剩库存减少很多，可呆滞库存比率依然居高不下，超过了 60%。

笔者使用 B 服务商的真实库存数据进行了一次"模拟经营"：假设 B 服务商从 2012 年开始使用三箱模型算法做库存计划，配件出库采用 6 年中的真实需求数据，入库数据则改用三箱模型算法推荐的采购清单，替代了原有的经验模式，"模拟经营"的结果如图 9-2 所示。

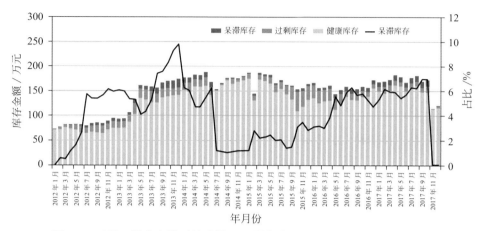

图 9-2　采用三箱库存模型算法模拟 B 服务商 2012—2017 年的经营结果

比较图 9-1 和图 9-2 不难发现，采用三箱模型算法做出的库存计划，不仅将库存金额降低到 200 万元以下，健康库存比率也由平均 13.5% 增加到 86.0%，库存效率大大提升。由于库存计划更加精准，无效库存大幅降低，库存周转率也增加到6.1 次 / 年。使用三箱模型算法的平均库存回报率是经验模式的 4.4 倍（图 9-3）。

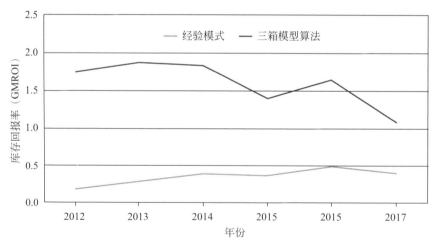

图 9-3　使用三箱库存模型算法与经验模式的库存回报率比较

"模拟经营"结果显示，假如采用三箱模型算法做库存计划，6 年中 B 服务商能够很好地控制库存总量和无效库存比例，呆滞库存比率低于 10%，总库存量减少了 75%，有效库存却增加了 70%，配件现货率将大幅提升，经营效率能够提升

3.5 倍。

以上数据说明，三箱模型算法能够帮助服务商做好库存计划，降低无效库存，提升配件现货率、库存周转率和投资回报率。同时，还能节约资金，降低库存风险。

有效库存越多越好，越多配件现货率就越高；无效库存越少越好，越少库存浪费就越小。

9.4　流则清，滞则浊

笔者曾在苏州生活过 10 年，发现这座美丽的城市中有很多小河穿过，形成了独特的姑苏风景，因此被称为"东方威尼斯"。可是，这些小河在夏天时却味道不佳，原因是京杭大运河已经改道绕过苏州城区，导致这些小河的水流很慢，水质也在逐年下降。水，流则清，滞则浊。

配件库存也是如此，库存周转才健康，库存周转率就是衡量其流动性的重要指标，即配件业务的经营效率，库存转起来才能给企业带来效益，周转越快，收益越高；相反，库存呆滞会影响资金回笼的速度和投资回报率。所以说，转则赚，滞则亏。

在相同毛利率的条件下，库存周转率 10 次 / 年的回报率是周转率 5 次 / 年的 2 倍，考虑到每年 25% 的库存持有成本，库存周转率低于 1 次 / 年，配件业务就可能无利可图，除非毛利率更高。库存计划就是在配件现货率与库存周转率之间寻找最佳平衡，在保证配件现货率的条件下，库存周转率越高，企业收益越大。

9.5　赌徒永远赢不了赌场

企业经营时间越长，通常库存积压问题越严重，因为依靠经验模式做出的库存计划准确性不高，设备型号复杂，配件品类繁多，凭经验和感觉来做库存计划就像赌博，赌徒可能赢一次，时间久了无效库存会越积越多。

在 2010 年南非世界杯期间，生活在德国奥伯豪森的一只名为"保罗"的章鱼吸引了全世界球迷的目光，它表现出了非凡的预言天赋，能够预测德国队参加的每一场比赛的胜负。

在每场比赛开始前，保罗的主人都会在水族箱的两侧放入数量相同的食物，这些食物装在盒子里，盒子上面装饰着参赛球队的国旗，章鱼保罗通过选择吃掉哪一侧的食物来预测比赛的胜负。令人惊奇的是，保罗一次次地预测对了比赛的获胜者，它正确地预测出德国队将击败澳大利亚队、加纳队、英格兰队和阿根廷队。

章鱼保罗也成功地预测出了德国队会在小组赛输给塞尔维亚队，然后在半决赛中输给西班牙队。它还预测出德国队会在季军争夺战中击败乌拉圭队，所有预测都对了。此外，章鱼保罗还正确地预测出西班牙队会在决赛中击败荷兰队，最终让它以"不败预言大师"闻名于世，章鱼保罗正确地预测出 8 场世界杯比赛的胜负。

显然，章鱼保罗预测的准确度远远超过绝大多数足球专家和评论员。从事配件库存计划的人也会羡慕章鱼保罗的预测能力，如果你也有一只叫"保罗"的章鱼，也许就能消除所有的库存错配，让配件现货率飙升到 100%。不幸的是，那是不可能的。

章鱼保罗出色的预测纪录，其实只是一个概率问题。预测每场比赛的输赢都有 1/2 的概率猜对，这样一个随机过程连续 8 次猜对胜负的概率，等于抛硬币连续 8 次正面（或反面）朝上的概率，都是 0.39%。因此出现这种情况的概率相当低，但并非完全不可能，而章鱼保罗的运气实在是太好了。

配件库存计划可不只是判断某个配件该不该存，还要确定存几个合适，况且仓库里并非只有 8 种配件，而是 8 000 种，甚至 80 000 种，凭经验做库存计划是不明智的，那样做必然产生大量的无效库存。

因此，做库存计划的人不应该学习赌徒，而是要学习赌场，依靠概率论和数理统计找出问题的最佳答案。永远不要低估配件业务的可重复性，建立需求的模型算法对配件的出入库历史数据进行分析，科学地预测未来的需求，计算并对比每一种配件售出和呆滞的概率，最终确定是否应该存储这种配件及存储的最佳数量。

三箱库存模型利用配件需求的历史数据，结合服务商的现货率目标、补货周期、需求数据的波动性等因素，将配件分为快速周转、中速周转和慢速周转等不同类型，采取差异化的库存策略，精准地计算出每一种配件的库存水位，以便在配件现货率和呆滞风险之间实现平衡。配件数据随时都在改变，实时地计算周转库存和安全库存才能在库存计划中更好地应对市场变化。

大量的库存统计数据表明，12 个月中没有需求的配件，24 个月内实现销售的概率很低，库龄越长，实现销售的概率越低，而且库存呆滞风险逐年上升。

在企业的财务报表上，只能看到配件业务的毛利，却看不到库存的持有成本和呆滞风险，但这些成本和风险却真实存在。人永远赚不到超过自己认知范围的钱，除非是靠运气。我们所赚的每一块钱都是对这个世界认知的变现，靠运气赚到的钱最后往往又会凭实力亏掉。

中国社会正在经历从制造到服务的转型，机械行业也在经历从柴油动力向绿色动力的转换，大量与柴油机相关的配件需求将逐渐消失，对服务商的配件库存管理能力提出了新的挑战。人口红利已经消失，凭经验和运气赚钱的时代已经结束，赌徒赢不了赌场，经验赢不了数据，如果不能实现数字化转型，服务商的配件业务就会越做越难。

9.6 沿着旧地图，找不到新大陆

重复老方法得不到新结果。一些服务商虽然知道库存计划的经验模式存在问题，年年都为呆滞库存发愁，却不愿做出改变。例 9-2 中 B 服务商努力降低库存，可呆滞库存一旦形成，就很难消除，大概率会变成服务商的损失。

避免产生呆滞库存的唯一方法就是不要把可能呆滞的配件放进仓库里，这就需要依赖库存模型的算法。把资金变成库存很简单，只需要下一个订单；可是，把库存再变成资金非常难，把呆滞库存变成资金比登天还难！能够迅速把库存变成资金的服务商就能越做越大，周转速度越快，赚的钱也越多；反之，服务商就会面临困境，而决定因素之一就是他们的库存计划水平。

配件库存计划有三道防线，第一道防线是需求预测，通过分析市场变化、设备状态和配件历史数据，预测配件需求，合理安排采购计划并保持适当的库存水平，既满足客户需求，又避免无效库存。

第二道防线是合理的安全库存，为了应对需求波动、交货延迟或其他不确定因素，需要增加一定的安全库存，保证期望的配件现货率，在不确定条件下仍能满足客户需求。

第三道防线是供应链执行，包括与供应商合作，在缺货情况下的紧急订单、调货、优化物流配送以尽快满足需求等。

要改变世界，首先要改变自己，而人们最亟须改变的就是认知。配件库存计划的重点在第一道防线和第二道防线，做好前两道防线，服务商就能大大减少供应链执行的工作，提升客户满意度。

　　未来，需求预测和设置安全库存都可以由算法自动完成，但服务商必须从收集库存数据开始完成数字化转型，学习、投资和使用软件算法来做库存计划。不愿做出改变的人，只能等待时代来改变他们。

认知误区	满足客户需求最重要，产生一些呆滞库存很正常，可以通过降库存运动来解决。
重新定义	治理呆滞库存代价高昂，解决库存错配的唯一有效方法就是不要储存卖不掉的配件。人的很多毛病是吃出来的，呆滞库存也不会自己跑进仓库里。

第**10**章

数智化转型将改变
库存计划的模式

信息是 21 世纪的石油，
而分析就是内燃机。

——彼得·桑德加德

想要找到数据背后的含义，并理解数据的巨大力量，统计学是最重要的法宝。在大数据时代，统计学可以说是最炙手可热的学科。今天，很多看上去非常高端的行业，如人工智能、医药研发、金融工具设计和保险精算师等，都离不开概率论和数理统计。

不确定性才是这个世界的常态，而概率论刚好提供了量化不确定性的方法，正像我们在7.4节所讨论的那样，通过概率论和数理统计让我们在配件现货率与安全库存之间建立起联系，从而更加精确地做好库存计划，概率论也理所当然地成为帮助人类进入乌卡（VUCA）时代的一把钥匙。

数据是一切的基础，高德纳研究院高级副总裁彼得·桑德加德有一句十分经典的话："信息是21世纪的石油，而分析就是内燃机。"信息化让企业获得了大量数据，但信息化并非终点，数据还必须用来进行分析，洞察客户需求，形成企业的行动，为客户带来价值，概率论则为数据分析和量化不确定性提供了有效方法。

在大数据和人工智能时代，人们可以将数据转化成信息，将信息转化为洞察力。本书揭示了如何从库存数据中找出每一种配件的需求模式，从而根据三箱库存模型，设计出一种更加经济、平衡的配件补库算法来满足客户需求。有效地利用好数据，提供需求预测并降低库存错配，让企业和客户受益。如果没有数据，一切皆无可能。

10.1　数据的力量超出了人们的想象

随着科技的发展，很多企业积累了海量的客户数据和产品运行数据。国际数据公司(IDC)白皮书《数据时代2025》预测，到2025年，全球的数据信息总量将会升至163万亿GB。这些海量数据真的能够转化为企业增长的驱动力吗？内燃机没有发明之前，石油有什么用呢？不少企业已经开始使用数据，可很多数据仍然处于一种"呆滞"状态。

亚马逊前任首席科学家安德雷斯·韦思岸说："数学家突然变得性感起来。"谷歌首席经济学家哈尔·范里安也相信，未来十年最性感的工作将是统计学家，因为大数据正在成为企业新的增长引擎，如果通过数据和算法，能够算出客户、算出需求、算出商机，企业就能领先一步。

奈飞（Netflix）如何知道人们喜欢什么类型的电影？拼多多怎么知道顾客想买什么东西？今日头条如何知道我关注什么类型的新闻？答案就是算法，互联网公司掌握了一些非常复杂、精密的算法，而这些算法都是基于统计学和相关性。人工智能正越来越多地渗透到人们的日常生活和工作中，假如你做的任何事情、甚至大脑里的任何想法都能留下数据，算法就能预测出你的一切行为。

2012 年 2 月 16 日《纽约时报》上曾经刊登了一篇报道，题目为《公司如何知道你的秘密》，讲的是明尼阿波利斯市的一位父亲来到一家塔吉特（TARGET）商场要求见经理，他向经理投诉说，他还在上高中的女儿最近受到了塔吉特母婴商品优惠券的"轰炸"。这位父亲怒气冲冲地质问道："我女儿还在上高中，你们却给她寄婴儿服装和摇篮的优惠券，难道是要鼓励她怀孕吗？"

商场经理认为一定是搞错了，当场向他表示歉意，并在几天之后再次打电话道歉，但这次那位父亲的语气变得温和起来："我和女儿谈过了，最近家里出了一些事情，我之前被蒙在鼓里……对了，我女儿的预产期是 8 月份。应该说抱歉的是我。"

塔吉特商场怎么会比这位父亲更早得知他女儿怀孕的消息呢？

塔吉特是美国第二大百货公司，他们通过信用卡、优惠券、客户调查、邮件、呼叫中心、失物招领和浏览网页等方式收集顾客信息，并且为每位顾客建立一个 ID 档案，这些信息包括年龄、婚姻状况、子女、家庭住址、到店驾车时间、工资估值、是否搬过家、何种信用卡、浏览什么网页等，他们还会购买顾客信息，如种族，工作经历，喜欢的杂志，是否曾经倒闭或离婚、买房、卖房，毕业学校，网上喜欢聊什么，喜欢的咖啡、纸巾和果酱品牌，家里有几辆汽车，读书习惯，捐款记录等。

2002 年，统计学和经济学硕士毕业生安德鲁·波尔加入了塔吉特的预测分析部，他发现，当人们大学毕业、换工作、搬家、结婚、离婚或怀孕的时候，他们的购物习惯往往会发生一些改变，特别是第一次怀孕的女人，常常不知所措，购物习惯会发生巨变。

杜克大学的研究表明，45% 的购物决定是习惯使然，并非理性决策。塔吉特知道，孕妇是养成消费习惯的最佳人群，在此期间一旦他们与孕妇建立了合作关系，未来几十年里都能在塔吉特商场里看到她们的身影。因此，塔吉特需要在茫茫人海中找出哪些是孕妇，尤其是怀孕 3~6 个月的准妈妈，想办法让她们经常来逛商场。

孕妇们常常会大买特买，喜欢一站式购物，喜欢买大包装，可以说，怀孕不久的孕妇对百货商场来说简直就是一座金矿。有调查显示，孕妇为准备孩子出生的平均花费大约是 6 800 美元，她们是商场里最受欢迎的顾客。

问题在于：如何才能知道谁是孕妇以及她们的预产期呢？如果能够提前知道谁怀孕了，商店就能大赚特赚。为此，塔吉特百货向会员提供了迎接婴儿礼物登记服务，怀孕的会员可以在孩子出生前登记领取婴儿礼品。这些女性已经是塔吉特的顾客，她们也会主动告诉商场自己怀孕的消息。

波尔通过分析这些孕妇的消费习惯，预测出有着相似消费倾向的女性也可能怀孕了。例如，孕妇在怀孕 3 个月时，通常会将沐浴露换成无香乳液，然后开始购买维生素类保健品，补充镁、钙和锌，当她们购买很多大包装的棉球、洗手液和毛巾时，表示预产期临近了。

最后，波尔的团队建立了一个"怀孕预测模型"，通过购买 25 种商品来预测女性是否怀孕及其预产期，并在全美国塔吉特数据库中筛选出约 1 万名潜在的孕妇，向她们发放相关商品的优惠券，吸引她们前来购物，最终把她们变成塔吉特的忠诚顾客。当然，塔吉特也会故意把摇篮和纸尿布的优惠券与割草机或保龄球鞋的优惠券一起投到孕妇的信箱里，以掩盖他们知道顾客怀孕的真相，因为他们不想让消费者觉得隐私被侵犯。

波尔建立的模型和大数据分析取得了惊人的效果，根据这个模型，塔吉特制订了全新的广告营销方案，母婴用品的销量呈爆炸式增长，从波尔加入公司的 2002 年到 2009 年期间，塔吉特的销售额从 440 亿美元增加到 670 亿美元。

塔吉特商场数字化转型的成功实践，证明数据可以成为业绩增长的新引擎。数字化帮助企业洞察客户的痛点，管理客户触点和旅程，改善客户体验，帮助企业优化业务流程和管理决策，最终实现商业模式的升级。

牛津大学数学系教授马库斯·杜·桑托伊指出："应用人工智能 AI 做研究，就像伽利略拿起望远镜，能够深入凝视宇宙数据，看到以前从未发现的东西"。数字化转型已经不是企业的选答题，而是必答题，没有完成数字化转型的企业就无法看到"数据宇宙"，必将被时代所淘汰。

10.2 从数据中发现配件需求的 DNA

随着中国经济的高速发展，中国企业在很多领域取得了长足进步，例如，中国工程机械行业在产量、销量和设备保有量都成为世界第一，同时还有十几家企业进入全球工程机械 50 强。中国企业用 20 多年时间走完了欧美企业 100 年走过的路，虽然成绩可喜，但我们的管理仍然存在差距，在规模和效益之间仍然存在矛盾。在增量市场这一矛盾还不明显，进入存量市场以后，竞争更加激烈，很多企业遇到了前所未有的困难。

一位配件店老板告诉我，退休之前他一次性报废了价值几十万元的积压库存。这些配件在仓库里放了 20 多年，直到搬家才被发现。如果企业有库存数据，每月能看到库龄分析报告，这种浪费就能够避免，要销售多少配件才能弥补这几十万元的损失呀！

现在，中国企业已经把目光瞄向了国际市场，那里是下一个决战赛场。但是，很多中国企业对海外市场所面临的挑战还缺乏足够的认识。

当中国企业进军国际市场时，是从国际知名品牌手里抢客户。由于远离本土市场，为保证海外服务的及时性，中国企业常常是"兵马未动，粮草先行"，不惜代价地把大量配件初始库存投放到海外市场，却落入了库存错配的陷阱中。

某中国品牌成功打入欧洲市场后，技术专家列出了几百项、价值数百万元的关键零配件作为初始库存放到欧洲配件中心库里。几年后，90% 的配件库存仍静静地躺在仓库里。这绝非个别现象，很多中国品牌海外配件仓库的周转率都低于 0.5 次 / 年，库存效率极低。当产品出现故障时，仓库又常常缺货，只能紧急空运配件，不仅增加运输成本，还会造成设备停机和客户不满，影响了品牌声誉。

为什么海外市场更容易出现配件库存错配呢？

首先，全球贸易 90% 左右依靠海运完成，海外市场配件交货期长，正常情况下为 10 天至 45 天。受新冠疫情和战乱等因素影响，运费和船期准点率都充满了不确定性，这对配件现货率提出了更大的挑战。

其次，技术专家给出的配件建议清单是基于经验模式，而非数据模式，考虑到海外交货期更长，清单的安全系数更大，错配风险更高，问题在于经验没有数据靠谱。

最后，建议库存清单中很多是部件总成，而非维修中常用的二级配件，一旦拆下一个喷油嘴用于故障维修，整台发动机就无法工作。很多出口机型批量小，放库存呆滞风险大，不放库存缺货风险高，常常面临两难选择。

价格只能打动客户一次，国际市场竞争的胜负手是优质的服务和客户体验，哪个品牌能让客户使用方便，服务及时，体验更好，让客户赚到钱，他们自然会对这个品牌产生黏度。

尽管中国企业在海外投放了大量配件库存，海外客户投诉最多的仍然是缺货问题，这证明不惜一切代价保证海外的配件供应，会导致呆滞库存大幅增加，最终仍无法保证服务及时性。我们不仅要看到下一个决战市场，还要看到下一个决战赛道，那就是大数据和人工智能，只有通过数智化转型改善海外市场的配件供应，中国品牌才能在国际市场立足。

河北天远科技集团与清华大学大数据国家实验室合作，分析和挖掘了大量工程机械设备故障数据，几十位清华博士生在数据海洋中寻找需求线索，例如，根据大型、中型和小型挖掘机柴油机第一次平均停机故障时间提出延长设备保修期政策的建议，并根据预测的故障高发时间提前准备好维修配件，做到算出故障、算出需求、算出客户。

但是，海外市场积累的配件需求和故障数据有限，很多出口产品批量小，定制化程度高，如何借助中国本土市场的故障数据帮助海外市场做好库存计划呢？这就要求中国企业进行产品模块化设计，例如，挖掘机行走、回转和执行机构等模块海内外市场采用相同的成熟设计，这些模块就有了充足的配件需求和故障参考数据。海外销售的产品主要区别在于柴油机和控制系统，以及一些特殊配置的属具，如果能够从供应商拿到柴油机故障的统计数据，就能帮助 OEM 主机厂更精准地做好配件预测和库存计划。

配件需求量最大的仍然是那些常规保养件和易损件，通过收集不同产品的故障数据和需求信息，哪些零件在什么时间段故障率上升，确定排除故障所需的配件维修包、保养包等，收集的数据越多，对库存计划准确性的帮助越大。

在大数据和人工智能时代，虽然设备运行和客户活动产生了海量数据，但很多企业仍然缺乏数据分析的能力，海量的设备运行和客户行为数据仍然是一片"死海"，从数据驱动到客户洞察，最终通过数据和算法来指导需求预测和故障诊断，至今仍然没有形成闭环。如果没有人对数据进行统计、分析和挖掘，数据再多又有什么意义呢？

很多企业虽然有海量数据，却不知道如何使用数据为客户画像，指导企业的经营活动，甚至认为那是未来的事情，岂不知未来已来。请问：如果企业没有大数据部门，没有聘请统计学家和数学家，该如何挖掘数据呢？如果我们白白浪费了"21世纪的石油"，中国企业就无法打造世界级的品牌。

服务和配件供应已经成为中国品牌在海外市场的最大短板之一，而数字化转型则是提升企业效率的一把金钥匙。以配件库存计划为例，在那些看似随机的出入库数据中包含了配件市场需求的 DNA，深入挖掘这些数据，就能找出每一种配件的需求模式（pattern），包括活跃等级、消耗速度、波动偏差、变化趋势、最佳现货率、安全库存等，这些数据能够帮助企业更准确地做好配件库存计划，满足客户需求，减少库存错配。

希望有一天，数学家和统计学家也会变成中国企业抢手的"香饽饽"，当中国企业完成数智化转型之时，数据将会给中国经济带来新的驱动力。

10.3　配件库存管理的数字化转型

数字化转型是采用数字化技术对公司业务进行持续优化的过程，通过数据驱动的决策分析提升经营效率，改善客户体验，创新业务流程。

人类社会经历了农业经济和工业经济，开始步入服务经济和体验经济，与之前的经济形态相比，服务经济和体验经济中增加了一个核心元素——客户。工业化时代是质量和效率的竞争，服务和体验经济时代则是围绕客户和体验的竞争，针对客户快速变化的需求，为他们创造更好的体验，而数字化转型能够帮助企业更好地洞察客户需求。

企业在数字化转型中遇到的最大挑战不是数据问题，也不是模型和算法问题，而是我们对业务的无知。如果我们能够建立业务问题与运营数据之间的关系，就能用众多的数据分析工具和方法加以解决。

配件库存计划也是如此，建立三箱库存模型，在需求与数据之间架起了一座桥梁，就能做出更靠谱的计划，实现自动补库，动态调整参数，减少库存错配，满足客户需求以实现杰出的客户体验。

10.3.1　信息化不等于数字化

信息化的终点是决策者，数字化的终点是直接行动。近几十年来，很多中国企业使用 ERP 系统来管理企业所有的业务流程和财务数据。在配件业务方面，很多企业也使用进销存系统，如管家婆、博士德、金蝶、用友等 ERP 来管理配件的出入库数据。

进销存系统管理着配件业务的三种"流"，即货物流、资金流和信息流，保证了配件订单的"三清"，即货清、票清和款清，以确保单据完整，账实相符，处理及时、准确。

企业花重金实施了信息化，为什么配件仓库里的呆滞库存仍在不断增加？这让很多服务商感到困惑不解。进销存系统只是订单管理系统，其中并没有库存计划的功能，没有回答存什么配件及存多少数量的问题。

在传统的服务商里，销售合同、入库单、出库单和盘点清单等还是纸质文件，虽然有信息和数据，却是无法使用的数据。还有一些企业有系统没数据，虽然安装了 ERP 或进销存系统，却只能看到系统输出的结果，不知道如何去获取系统中的原始数据，当然也无法使用数据做库存分析和计划。

三箱库存模型以库存数据为基础，实时计算出每一种配件的健康库存水位，以便确定合理的库存量来满足客户需求，降低无效库存。没有数据就无法使用这个模型和算法，例如，对于企业推出的新产品，系统中还未产生任何配件需求数据，就无法确定健康库存水位。因此，配件初始库存通常由主机厂给出建议清单。

10.3.2　库存数据的清洗

国外有句谚语："狗屎进，狗屎出。"这句谚语用在配件库存上的意思是说，如果企业的库存数据不准确、不完整，那么根据数据做出的库存计划也不可能正确。

数据清洗是为了解决数据"失真"问题。制造商系统里只有服务商的采购数据，与客户的真实需求并不一致，因为服务商的采购订单中很大一部分是用于库存，其中也包含了无效库存，如果制造商根据服务商的采购订单做出需求预测，就会像啤酒游戏一样，出现需求被放大的"牛鞭效应"。

数据共享能够解决这个问题，制造商使用服务商的销售数据进行预测，并对数据加以"清洗",因为客户订单中也会有一些"泡沫",如促销导致的超额采购,会在数据与需求之间产生失真。

有时服务商也会做油品、滤芯和斗齿的促销等,效果很好。用户愿意提前采购暂时还用不到的配件,是因为他们迟早会需要这些配件,趁着促销提前购买可以降低成本。但是,客户很可能在未来半年不会再采购这些配件。如果我们不对这类数据进行"清洗",算法就会把促销产生的增量当作需求增长,就会建议增加库存,最终造成积压。类似的需求"失真"还包括配件出口订单、大企业年底的集中备库等,这些一次性、非常规的采购订单都需要在数据清洗中加以调整,否则就会出现库存错配。

数据清洗十分重要。同一种配件,由于更换供应商导致配件号码变更,则需要将新旧号码关联在一起,否则新号码的历史需求数据就是一片空白,算法必然建议库存为零,就会出现缺货情况。

10.3.3　库存数据的可视化

数字化转型的一个重要目的是提升客户体验。例如,客户为了一项重要的工程找服务商订购了一批配件,可是客户不知道订单处于什么状态、物流走到哪里了。这样,客户也很难计划他们的工程进度,不得不经常打电话找服务商查询,服务商也必须不断地联系供应商和物流公司询问,多次反复之后客户体验一定不好。实现数字化转型后,客户通过一个手机 App 就能随时查看订单的进度,客户体验得到了很大改善。

在第 7 章和第 8 章中,我们根据三箱库存模型定义了配件库存结构,企业可以定期评估配件库存状态,分析库存中存在哪些风险,例如,无效库存比率的增加必须引起企业的高度重视,否则时间久了,就可能造成更大的损失。

【例 10-1】C 服务商的配件库存结构如图 10-1 所示。

从图 10-1 中可以看出,C 服务商的库存计划存在着很大的盲目性,过剩库存占比接近 1/2,如果不能及时消化这部分库存,必然产生积压。由于无效库存比例高达 3/4,导致 C 服务商配件库存动销率仅为 57.5%,GMROI 只有 0.69。显然,无效库存降低了服务商的配件收益,增加了库存风险。

如果服务商总经理每个月都能收到配件库存结构图,就不会放任库存错配越来越严重，服务商可以通过调整各类配件现货率的期望值（图 10-2），改变安全库存来降低无效库存比率，以实现总体现货率目标。

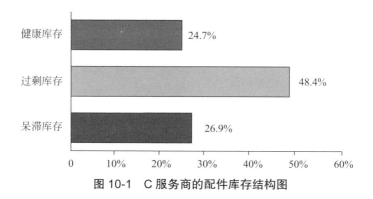

图 10-1　C 服务商的配件库存结构图

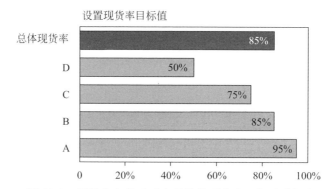

图 10-2　调整库存策略以实现总体现货率目标（举例）

配件库存计划需要具备 5 个职能，即评估、监控、分析、预警和决策，用以定期监控库存结构，分析无效库存增减的原因，找到有效的方法并加以改善。

图 10-3 中显示，库龄超过 6 个月的基本都是中速和慢周转库存，但是 C 服务商有 60% 的呆滞库存和 90% 的过剩库存都是最近 12 个月内采购入库的，这说明库存计划人员缺少方法和工具，采购十分盲目，这种做法必须加以制止，否则会产生更多的无效库存。

通过计算相对库存和相对库龄，可以将数据展示成图 10-4，对 C 服务商库存结构一目了然，视觉冲击力很强，这正是数据可视化的威力。

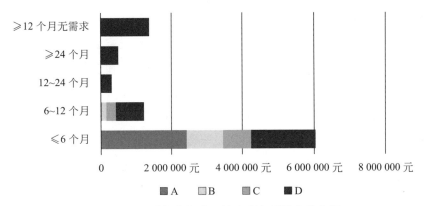

图 10-3　C 服务商各类配件库存金额及库龄分析

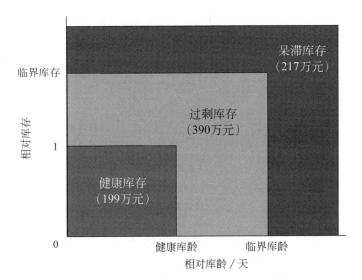

图 10-4　C 服务商配件相对库存结构分析

10.4　数字化转型对服务商的意义

在信息化的浪潮中，很多企业走出了人工记账阶段，开始使用 ERP、SAP 和 CRM 系统来管理公司业务。但是，信息化并不是终点，企业为什么要进行数字化转型？转型就意味着改变过去的做法，我们想要改变什么？

采用 ERP 等系统只实现了信息化，把传统业务流程的数据收集起来，实现在线化，让管理者及时了解企业的经营情况，例如，企业营收、成本、利润、应收账款、风险及发展趋势等。但是，很多服务商使用了系统，却没有使用数据，系统输出的报告的确帮助了他们，但更多的公司运营数据、客户数据和设备运行数据仍没有利用起来，很多服务商甚至不知道从哪里获取这些数据。

举例来说，一些服务商使用进销库或 CRM 系统来管理配件业务，可他们并不知道从哪里获得每个月出入库的原始数据，系统汇总的报告一目了然，可系统里其他有价值的数据却拿不到，客户数据也是如此。

数字化转型的目的是用数据来帮助企业降本、增效和提质，数据必须直接应用到企业的经营过程中，提升企业的效率。

厦门柚可信息科技公司开发的智库管家®（Smart Inventory Report）系统利用数据接口自动获取配件库存数据，使用三箱库存模型帮助服务商实现智能补库，并且分析库存中存在的问题，持续改善配件库存结构。

【例 10-2】一家国际品牌的卡车经销商 2020 年年初开始使用智库管家®系统，仅 1 年时间就将价值 1 000 多万元的配件库存降低到 571 万元，其中过剩库存降低了 51%，呆滞库存降低了 75%，健康库存增加了 2.4 倍，大大提高了配件现货率（图 10-5）。

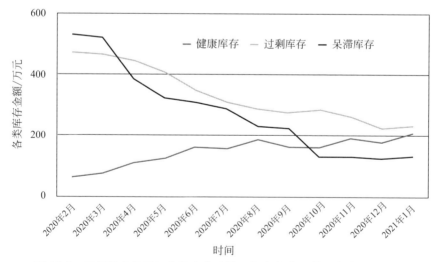

图 10-5　某经销商使用智库管家®系统 1 年中各类配件库存的变化曲线

实践证明使用三箱模型算法能够持续优化配件库存结构，帮助服务商持续降低无效库存，为客户创造价值，为企业带来效益。

数字化转型能提升企业的运营效率，对服务商的可持续发展意义重大。数字化转型必须为企业和客户带来双赢的结果，无法提升效率和效益的转型毫无意义。

10.5 数字化转型盘活呆滞库存

呆滞库存，顾名思义就是几乎没有周转的库存，这类库存风险很大。有些服务商定期用打折促销和报废处理的方式清理呆滞库存，效果明显，但损失很大。更糟糕的是，刚刚忍痛清理了一批呆滞库存，很快它们又卷土重来。用经验模式做库存计划，就无法消除呆滞问题。服务商经营时间越长，呆滞库存越多，导致库存周转变慢，还可能影响企业的现金流。

呆滞库存产生的原因如下：

（1）凭经验做计划，配件要先存进仓库，客户需要时才能提供现货，售后服务中没有客户愿意等配件，经验模式存在固有呆滞库存风险。

（2）产品迭代升级，老产品的配件需求降低，导致库存呆滞。

（3）为了完成厂家的配件任务获得返利，服务商不得不超额采购配件，配件促销和最低起订量也是产生呆滞库存的原因。

（4）配件订错，客户订单取消，设备转移到其他区域施工，配件需求发生改变等。

（5）配件库存管理混乱，盲目采购、重复订货、代码不清、包装破损、配件生锈、价格过高等都是产生呆滞库存的原因。

（6）为了拿到大客户的项目，承诺配件现货率或配件寄售，由于缺少经验不得不承担大量配件剩余库存。

中国明确提出 2030 年"碳达峰"与 2060 年"碳中和"的目标，非道路设备从 2022 年 12 月 1 日起开始切换到国 4 排放标准，双碳政策会鼓励行业使用更多的新能源来替代柴油动力。因此，为柴油机配套的燃油、机油和空气过滤系统所需的滤清器将会逐年减少，配件需求也会发生巨大改变。

根据柚可信息科技的调查结果，服务商的库存周转率已经下降到 3 次 / 年左右，呆滞库存占比超过 1/3，如此高的呆滞库存，配件业务很难盈利。随着配件毛利率和库存周转率的"双降"，服务商对于呆滞库存的承受能力不断降低，盘活呆滞库存刻不容缓。

中国工程机械后市场配件销售潜力约 2 700 亿元，按照库存周转率 3 次 / 年估算，行业中配件库存约 900 亿元，其中呆滞库存超过 300 亿元。如果无法盘活这些呆滞库存，服务商需要多销售上千亿元的配件才能弥补呆滞损失。

库存错配的根源是信息错配，并非没有用户需要这些配件，而是客户不知道配件在哪里，服务商也不知道客户在哪里。中医常说："通则不痛，痛则不通"，配件业务中的信息就像中医的经络一样，解决信息错配就能盘活呆滞库存。

信息不对称曾经给主机厂和经销商带来了高额利润，所以他们喜欢用技术壁垒来维持自己的垄断，刻意保密技术资料和配件信息等。因此，工程机械行业的信息错配尤其严重，主机厂和经销商总想着像从前那样独享配件利润，免得客户被别人抢走，不愿与配件店和互联网平台共享信息，这是盘活呆滞库存的最大障碍。

近些年，服务商在微信里建立了很多配件调剂群，试图解决信息错配问题，但效率极低，呆滞库存是整个行业的痛点，必须在全行业进行合作和协同。笔者认为，互联网平台天生具有高效的数据共享和信息流通优势，因此倡导并联合一些互联网平台建立了一个覆盖全行业的配件"云仓"，用来盘活呆滞库存。

没有无用的配件，只有放错地方的库存。如果配件库存的信息没有共享，即使客户需要的配件近在咫尺，也会因信息错配而失之交臂。所以，盘活呆滞库存需要一个汇集配件信息的共享特价平台，打通呆滞库存的信息流，解决信息错配。主机厂、服务商和互联网平台都可以把呆滞库存信息上传到"云仓"，而"云仓"里的配件仍在各家企业的仓库里。

"云仓"打破了品牌和产品的界限，在这里每家企业既是卖家，发布自己的呆滞库存信息；又是买家，淘到自己需要的特价配件。企业之间都是合作伙伴，根据价格优先或交货期优先搜索配件，人工智能系统可以自动匹配出合适的资源，供客户选择。客户仅在使用时才会付费（pay by use)，"云仓"为客户提供了库存即服务 SaaS（Stock as a Service）的供应链模式。

只要愿意共享呆滞配件信息，确保库存数据准确、同步，都可以加入这个特价配件"云仓"，"云仓"则会把汇总的呆滞库存信息共享给所有合作的平台，让呆滞库存快速周转起来。服务商与平台之间、平台与"云仓"之间达成结算协议，确保利益共享。当越来越多的服务商把呆滞库存共享到"云仓"上并在这里淘宝时，就能盘活配件呆滞库存，让更多的服务商和客户受益，帮助行业健康发展。

数字化转型是解决信息错配并盘活呆滞库存的钥匙，最大的障碍还是共享的理念。如果企业不愿共享呆滞库存信息和数据，就无法盘活呆滞库存。

设备正在向新能源和电动化转型，未来 10 年内会让 70% 的老配件变成废铁，盘活呆滞库存的窗口期只有几年时间，服务商必须认识到这件事的紧迫性，这对环境、行业和企业都意义重大。

10.6 数字化转型改变配件供应链模式

1968 年，墨西哥奥运会之前，跳高运动员都采用"滚式"动作越过横杆，即身体与横杆平行过杆。但在这届奥运会上，迪克·福斯贝里却采用与众不同的"背越式"越过了 2.24 米，并获得奥运冠军。因此，背越式也被命名为"福斯贝里跳"，3 年以后几乎所有的跳高运动员都采用了这种新的跳高技术。

数字化转型可以创造出新的商业模式，企业可能不再是销售产品，而是销售解决方案。传统汽车主要从制造端赚取利润，而特斯拉汽车的利润包含在整个产品的生命周期中，包括制造、销售、充电、维保服务和软件使用等。英国罗尔斯·罗伊斯公司实现了航空发动机按使用时间付费，中国的高空作业平台也普遍采用按时间收费的租赁经营模式，奈飞公司采用创新的流媒体订阅模式，吸引了全球 2.2 亿订阅用户，用户每月支付观影费用，创造了高频率、高黏度连接客户的新商业模式，公司市值高达 3 000 亿美元。

OpenAI 公司于 2022 年 11 月发布 ChatGPT 后，世界开启了人工智能时代，上线 5 天用户数量达到 100 万，2 个月用户超过 1 亿，预计 3 年后用户数量将超过 10 亿。他们采用订阅模式，每月 20 美元，一切即服务的 XaaS 模式正在成为人类生活的新标配，ChatGPT 给我们展示了一个"万物皆可订阅"的美好前景。不久的将来，服务商可以把库存数据提供给 ChatGPT，就能立即得到人工智能建议的补货清单，完美地平衡了配件现货率和库存周转率。

传统的配件供应链模式已经发展了上百年，供应商、主机厂、经销商和配件店自上而下的分销模式已十分成熟，这是汽车、农机和工程机械的主要分销模式，经销商和配件店都会根据预测，向上游供应商提交年度采购计划，供应商或主机厂根据采购计划安排生产，再由主机厂销售给经销商和配件店，最后交付到用户手中。

人们已经习惯于这种 F2B（factory to business）的配件供应链模式，自然地认为这就是最佳模式，很少有人思考这种模式中存在的问题。创新思维很重要的一点就是不要轻信任何"权威"的说法和做法，不论是来自资深专家还是知名企业，关键的信息和流程都需要交叉验证并合乎逻辑。

在传统的配件供应链模式中，有 3 个现实问题值得我们思考：

（1）经销商不会做预测，而主机厂的采购任务是硬指标，有些主机厂甚至把整机返利与经销商的配件采购任务挂钩，所以库存错配不可避免。

（2）主机厂与经销商的利益不一致，主机厂希望把更多的库存放到经销商那里，这样不仅完成了销售任务，还能减轻自身的压力，而利益的冲突会加剧库存错配。

（3）主机厂、经销商和服务站的多级配件库结构增加了物流成本，降低了库存效率，而且无法提升配件现货率。层层加阶、级级压货的分销模式导致配件成本增加，效率降低，库存错配严重。

根据阿里研究院的数据 [12]，淘宝系列品牌里每件商品的平均运输距离是 1 000 千米。层层分销模式导致 80% 的库存积压在分销渠道中。2019 年中国的物流成本占 GDP 的 14.7%，而美国物流成本只占 GDP 的 6%~7%，大量无效库存和无效运输浪费在高度碎片化的线性分销渠道中，降低了产品的竞争力。

能否改变传统的配件供应链模式呢？英国创意大师保罗·亚顿说："无论你在想什么，都反过来想想。"逆向思维是一种能够让人变得更加强大的思考方式，帮助我们打破原有的思维定式，颠覆固有的观念，在各种情况下找到创新的解决方案。假如我们把 F2B 的配件供应链模式反过来，就变成了 B2F（business to factory）的反向供应链模式，就有可能降低物流成本和库存风险，提升库存周转率。

我们并不是简单地把 F2B 的供应链模式翻转过来，而是换个角度思考供应链问题，重新分配供应链的职能。经销商和配件店主要负责快周转库存和部分中速周转库存，集中资金保证客户需求频率较高的配件，以提升配件现货率，确保客户满意度，同时增加库存周转率，降低呆滞风险。快周转库存由供应商直接供给经销商和配件店，以降低物流成本。

主机厂不存快速周转配件，而是重点保障维修配件和客户满意度，库存金额也会有所降低。慢周转库存放在主机厂风险更低，通过在全国设立几个区域中心库来缩短交货期，改善维修配件交货及时性。极慢周转或零周转库存则由供应商负责存储，以降低物流成本和库存风险。这样，经销商、配件店、主机厂和供应商各司其职，实现库存协同，提升供应链效率。

F2B 供应链模式要求经销商每年做需求预测，然后按照计划采购配件。B2F 则是反向驱动，相当于经销商把预测周期由 1 年或 1 个季度缩短为订货周期（如 1 周），准确性提高，风险降低。由于快速周转配件和中速周转配件为预测驱动 MTS，而难以预测的慢速周转配件为订单驱动 MTO，不放库存，通过缩短交货期来提升及时性，大大降低了呆滞风险。

日本 7-Eleven 和国联股份采用的就是这种 B2F 反向供应链模式，把采购决策权交给市场第一线的零售商和服务商，使库存周转率提升了 10 倍以上。降低了库存风险。

实施库存协同，必须做到信息共享，供应商、主机厂和经销商之间共享库存数据，以抑制"牛鞭效应"，避免库存重复和浪费。不幸的是，很多企业总是从自身利益出发，不愿共享信息，最终产生了大量呆滞库存，也损害了客户利益。

配件集中库存能够提升效率，但会延长交货期；配件分散到离用户更近的服务站库存能缩短交货期，但会降低效率，增加物流成本。那么，根据库存协同策略主机厂中心库、区域中心库、经销商和服务站的仓库应该各自存放哪些配件呢？这就需要自下而上的配件库存计划。

快速和中速周转配件需求量最大，应该尽量放在离用户更近的经销商和服务站里，库存数量可以根据需求数据和三箱模型确定。慢速周转配件存放在主机厂，零周转配件应存放在供应商。

首先根据服务站需求数据确定库存量，然后根据经销商的汇总需求数据来确定经销商的库存量，最后才确定主机厂的库存量。主机厂的配件现货率应高于经销商，经销商的配件现货率高于服务站。主机厂的库存量减去各家经销商计算出来的库存量，就是中心库需要存储的数量，经销商的汇总库存量减去服务站的库存量，就是经销商仓库需要的库存量。服务商可以增加快速周转配件的安全系数，以降低缺货风险。

【例 10-3】根据某种慢速周转配件的需求数据，计算出来某经销商的健康库存水位为 0.3 件，说明该经销商不需要放库存。汇总西南几省的配件需求数据，计算出西南区域该配件的库存量为 4.9 件（四舍五入为 5 件），其中有 2 家经销商已经各存 1 件，则区域中心库需要存 3 件。主机厂汇总全国经销商的需求数据，计算出总库存量应为 25 件，减去经销商和区域中心库已经存储的 19 件，则主机厂中心库应该存储 6 件。这样，就避免了各级配件库重复库存产生的浪费和呆滞风险。

慢速周转或零周转配件，特别是高价值的总成件应该放在供应商的仓库里，通过签订战略合作协议和改善物流配送及时运到经销商手中。这样既保证了服务商仓库里有常用配件，一旦缺货又能从区域中心库及时调拨，主机厂和供应商的中心库存作为经销商的坚强后盾，完美地回答了"供应商存什么，主机厂存什么，区域中心库存什么和经销商存什么"的问题，既保证了配件供应的及时性，又避免了经销商和服务站的库存呆滞风险。

F2B正向供应链的"守株待兔"模式难以避免库存错配，这让毛利率不高、周转率较低的配件业务很难盈利，自由现金流更少。而B2F反向供应链则改为"见方抓药"和"小步快跑"模式，大大降低了呆滞风险。当然，只有主机厂才能主导模式的改变，并在供应商、主机厂和经销商之间形成有效的协同。

10.7 数智化转型是库存计划的终极解决方案

数智化转型是以数字化技术驱动商业模式重构和核心竞争力重塑，持续提升客户体验和商业运营效率与效益的过程。通过大数据洞察，不断创造并满足客户需求的过程，倒逼企业不断优化流程，重新配置资源，提升运营效率和效益。

数智化就是利用先进的数据分析工具（如：人工智能、机器学习、预测分析等），从大量数据中提取有价值的信息，为决策提供依据，从而把数据与智能结合起来。例如，通过对购买和使用行为的数据分析为客户画像，更好地理解客户需求和行为模式，精准地找到目标客户，增加产品销量，提升企业竞争力。

人工智能和物联网技术已经应用在智慧农业中，通过物联网收集的数据，智能地管理农作物的生长需求，例如，什么时候需要浇水灌溉、施肥、打药和收割等，从而优化农业资源的使用，提高农作物的产量和质量。

同样，数智化也进入了智能健康管理领域，通过分析人们的生活习惯和健康数据，智能地预测健康风险，提供个性化的健身计划和治疗方案，预警可能发生的心脏病等。这一技术也被应用在智能交通系统中，通过各种数据（如交通流量、天气、事故等）分析，可以智能地预测交通拥堵，提供最佳的路线建议。

未来某一天，客户可能意外地收到服务商的电话，告知他的设备油压过低，需要马上停车检查，否则很可能造成发动机损坏。故障原因可能是滤芯堵了，需要马上更换，服务商已将所需滤芯报价和滤芯更换视频推送到手机客户端，建议客户立即安排设备保养或自助服务。科技让企业比客户更了解他们的产品。

某大型施工企业采购了一批机械设备在一处偏远的工地施工，对设备出勤率要求很高，某服务商与施工企业签订了服务支持协议，承担了所有设备的维修保养工作，并承诺设备出勤率不低于90%。为此，他们派出服务技师在工地驻点，还建立了配件仓库，不过存储的配件并非根据经验模式，而是依靠数据和算法。

根据每台设备的运行时间，服务商可以精确计算出设备的保养日期，与施工方预约时间安排保养计划，提前一天把保养配件运到现场，确保高效完成维保工作。在分析设备运行数据之后，服务商可以预测出设备的潜在故障，提前采取措施加以排除，保证了设备的出勤率。有了数据和算法，维修保养和配件库存也可以像生产制造一样按计划进行，库存效率大大提升。服务商通过算法自动补货，既不必在现场存储过多库存，又留出足够的时间准备配件，避免缺货。

使用智能算法，就能算出需求、算出客户、算出订单，智能诊断故障原因并提供解决方案。无论客户拥有哪种产品，需要何种服务，系统都能根据数据和算法把服务资源（配件和技师）、服务对象（产品）和合作方（客户和服务商）匹配到一起，找到最佳的解决方案，消除信息不对称和库存错配，解决了售后服务中碎片化、高成本、低效率的矛盾。

如果没有完成数字化转型，即使在大数据和人工智能时代企业也无法享受智能服务的红利。如果不能使用算法做好配件库存计划，库存错配就难以避免，其造成的损失就可能超过配件销售利润，配件业务就难以盈利，提供优质服务就会变成了一句空话。

在第 6 章里，我们根据活跃等级把配件分成 A、B、C、D 四类，每种配件类型设定了固定的配件现货率目标，这种算法虽然改变了"一刀切"的库存计划方法，参数设置仍显粗放，例如：13 个月中需求频率为 11 次和 19 次的配件都属于 B 类中速周转配件，使用相同的安全库存系数。如果能够根据每一种配件的需求数据，通过算法确定其特有的安全库存系数，就能够更加精准地做好库存计划。

【例 10-4】每一种配件都会产生需求数据，根据配件此前 12 个月的历史数据计算出该配件的滚动周转率，即 12 个月的出库总成本除以该配件 12 个月的平均库存金额。请计算该配件的安全库存。

在 ERP 中使用采购成本和销售价格可以计算出该配件的毛利率，根据毛利率、库存持有成本和滚动周转率就能计算出该配件的边际效益和边际成本，最终确定该配件现货率的最佳值和安全库存系数。

假设该配件的成本为 C，毛利率为 20%，即该配件销售时加价 25%，配件毛利为 $C \times 25\%$。每年的库存持有成本按照 25% 计算，也是 $C \times 25\%$。假设该配件的滚动周转率为 10 次 / 年，当边际效益接近边际成本时，正是该配件现货率的最佳值，即

$$配件现货率最佳值 = \frac{边际效益}{边际效益 + 边际成本} = \frac{C \times 25\% \times 10}{C \times 25\% \times 10 + C \times 25\%} = 91\%$$

基于 91% 的配件现货率，按照正态分布函数的反函数就可以计算出该配件的安全库存系数，从而根据需求数据的标准差和配件交货期确定合理的安全库存。

这就是库存计划的算法，根据需求数据实时计算出每种配件现货率的最佳值，从而更合理和准确地确定安全库存，从而完成库存计划人员的工作。

科技的高速发展和产品的快速迭代，虽然为客户提供了更好的产品体验，却给库存计划增加了难度，产品型号越多，配件品类越复杂，配件库存的呆滞风险也会增加。

数智化转型是帮助企业解决这一问题的"钥匙"，一方面能够将库存计划做得更准，降低了呆滞风险，另一方面可以有预见性地根据销量变化主动减少老型号产品的配件库存，增加新型号的配件库存，减少浪费，更好地满足客户需求。

采用人工智能 AI 的深度学习方法，使用配件需求数据加以训练，再引入行业数据作为辅助，就能找出配件需求的算法模型和模型参数，更真实地反映需求的变化（如：递增或递减，季节性波动等），帮助库存计划做得更接近实际需求。

三箱模型能够让库存计划更加精准，极大地避免了无效库存。然而，库存计划中最大的难点仍然是那些慢速周转配件，由于需求随机性强，配件数据太少，呆滞风险仍然是一大"顽疾"。服务商可以采用九宫格差异化的库存策略（图 2-7），通过放弃慢周转和零周转库存来降低风险。慢速周转配件的健康库存水位通常小于 1，即使采用四舍五入的原则，系统判断的结果只有 0 和 1，即存或者不存。存可能产生呆滞，不存又容易出现缺货。这正是配件库存计划中的悖论。

由于需求数据的随机性，库存计划人员在确定安全库存时，常常为使用正态分布、泊松分布，还是其他的分布规律来建立数据模型感到困扰。如果模型不合适，库存计划就不准确。如果把配件库存看作一个模糊系统，用机器学习的方法评估其数据模型并确定参数，实时校正库存计划中的偏差，就能逐渐逼近出更合理的安全

库存（图 10-6）。

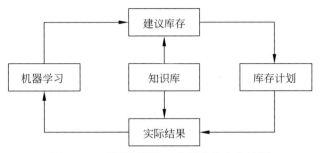

图 10-6 采用机器学习改善配件库存计划

例如，在计算健康库存水位时，不仅使用需求平均值和标准差，还会参考过去6 个月、12 个月、24 个月和 36 个月的需求变化，找出变化的规律和趋势。如果这种配件近 6 个月的需求呈现递增趋势，则需要增加近期需求数据预测的权重；反之，则降低权重。

在做库存计划时，机器学习能够帮助我们不依赖配件的数据模型，人们总是从自身角度来建立世界的模型，数学的本质也可以理解为我们对客观世界建立的主观模型。然而，一种数学模型无法描述客观世界的复杂性和不确定性，这让人们在探索物理过程的精确机理时，总会遇到各种各样的问题。

三箱库存模型算法适用于快速和中速周转的配件，但对于慢速周转配件就存在严重不足，幸好科技发展为我们提供了新的手段，机器学习能够根据每种配件的需求数据，确定其数据分布规律和使用哪种数据模型做库存计划更合适。换句话说，未来的库存计划将不再是基于某一种模型或算法，而是基于数据找出最适合的模型和算法，从而提高计划的准确性，降低库存错配。

在经历了十几年粗放的高速增长之后，很多服务商的无效库存处于一种失控状态，不改变库存计划的经验模式，不使用数据模型和算法来优化库存结构，提升经营效率，就无法控制库存错配，实现可持续增长，而数智化转型和创新的配件供应链模式正是库存计划的终极解决方案。

经济学家约翰·梅纳德·凯恩斯指出："为人处世的智慧教导人们，宁可依循传统而失败，也不要通过打破传统去追求成功，因为前者的名声更好。"人们以为最靠得住的还是自己的经验，这让创新变得非常困难，我们已经习惯于依靠经验来看待这个世界和解决遇到的问题。

中国经济已经从高速发展向高质量发展转变，降本增效是各行各业追求的目标，可惜很多人仍然没有认识到库存计划的重要性。笔者遇到过一些服务商的库存计划人员，虽然仓库里无效库存比例很高，却不愿使用数据模型和算法来做出改变，因为那样会暴露出他们工作中的问题。库存计划做得不好，就会增加很多供应链执行的工作，亡羊补牢，事倍功半，还会影响客户满意度。

消防工作的重点是消除火灾隐患，而不是火灾发生后如何灭火；库存计划工作的核心是避免库存错配，而不是缺货时加急调货，呆滞后打折促销。很多库存计划人员每天忙碌于供应链执行，还乐此不疲，这完全是本末倒置。

世界上唯一不变的就是变化，用变化的眼光看待世界，才可能用创新的方法改变世界。什么都不改变，库存错配只会更加严重，正像爱因斯坦所说："精神错乱的一个再明显不过的表现就是一遍遍地重复相同的事情，却期待有不同的结果。"技术的发展日新月异，数智化转型是时代赋予我们的使命，能够帮助中国企业把库存计划做得更准，提升客户满意度，降低库存错配。智能制造、智慧服务和智慧仓储是中国企业实现弯道超车，建立国际知名品牌的必由之路。

认知误区	企业安装了 ERP 系统，定期收到企业的运营报告，已经完成了数字化转型。
重新定义	ERP 系统不会自然地带来企业的数字化转型，而数智化转型则是以数字化技术驱动商业模式重构和核心竞争力重塑，持续提升客户体验和企业运营效率和效益，用数据结合智能来提升决策效能的过程。

参 考 文 献

［1］ Gartner Group. Forecast accuracy and ROI report 2012[R]. 2012.

［2］ 绪方知行，田口香世. 零售的本质，7-Eleven便利店创始人的哲学[M]. 北京：机械工业出版社, 2015.

［3］ [美]惠伦. 赤裸裸的统计学[M]. 曹槟，译. 北京：中信出版社，2013.

［4］ 张斌.从制造到服务：结构转型期的宏观经济学[M]. 北京：中信出版集团，2021.

［5］ 鸿鹄研究院（三一战略研究院）.2021年工程机械行业白皮书[R]. 2022.

［6］ Linda Bustos. Customer acquisition vs. retention costs - statistics and trends[R]. 2015.

［7］ IHL Group Study Report. True cost of out-of-stocks and overstocks - can retailers handle the truth? [R]. 2022.

［8］ ToolsGroup. The State of retail inventory: The latest risks, opportunities, and tactics to create winning shopper experiences [R]. 2022.

［9］ IHL Group &ToolsGroupSurvey Based Research Stud. How retailers win customer loyalty in an omnichannel world[R]. 2022.

［10］ 程晓华.制造业全面库存管理[M]. 北京：北京理工大学出版社，2020.

［11］ 刘宝红，赵玲. 供应链的三道防线[M]. 北京：机械工业出版社，2018.

［12］ 颜艳春.产业互联网时代[M]. 北京：中国友谊出版公司，2021.